KB220640

누가와 함께하는 하루

누가복음

누가와 함께하는 하루
누가복음

지은이 | 권영진
펴낸이 | 원성삼
표지디자인 | 한영애
펴낸곳 | 예영커뮤니케이션
초판 1쇄 발행 | 2023년 10월 28일
등록일 | 1992년 3월 1일 제2-1349호
주소 | 03128 서울시 종로구 대학로3길 29, 313호(연지동, 한국교회100주년기념관)
전화 | (02)766-8931
팩스 | (02)766-8934
이메일 | jeyoung@chol.com

ISBN 979-11-89887-70-4 (03230)

값 24,000원

모든 인간은 하나님의 형상을 닮은 존귀한 존재입니다. 사람은 인종, 민족, 피부색, 문화, 언어에 관계없이 모두 다 존귀합니다. 예영커뮤니케이션은 이러한 정신에 근거해 모든 인간이 존귀한 삶을 사는 데 필요한 지식과 문화를 예수 그리스도의 사랑으로 보급함으로써 우리가 속한 사회에 기여하고자 합니다.

L U K E

누가복음

누가와 함께하는 하루

이 책은 탁월한 신학자의 주석이나 공부하는 연구서가 아니다. 지극히 평범한 선교사의 아침 묵상이다. 따라서 독자들이 성경을 분석하고 주해하기보다는 말씀을 조용히 듣고 우리의 삶에 적용하여 주의 말씀에 순종하는 복된 삶을 누리게 되기를 기도한다.

권영진 지음

예영

필자는 대학 시절 성경을 열심히 공부하는 선교단체에서 '일용할 양식'을 먹는 법을 배웠다. 그 이후 약 45년 동안 하나님의 말씀은 필자의 삶에 하루를 살아가는 힘이요 양식이요 빛이요 푯대가 되어 주었다. 시편 기자가 119편에서 고백하듯이 '꿀보다 더 달고 기쁨을 주는 양식이요 해보다 더 밝은 빛이 되는 말씀'을 먹는 매일매일의 삶은 광야에서 만나를 먹던 이스라엘 백성들과 같았다고 고백할 수 있겠다. 언어와 문화가 다른 독일에서 40년을 넘게 하루를 말씀과 함께 시작하면서 주님의 공급하심을 매일매일 체험하는 기쁨과 감사를 누렸다. 그러는 사이 한국 교회는 엄청난 부흥의 은혜를 덧입었다. 수많은 QT 자료들이 발간되고 QT를 통해 대형 교회가 탄생하였다.

이러한 때에 또 하나의 QT 묵상집을 내는 것이 무슨 의미가 있을까 하는 생각도 있었는데 마침 COVID-19로 인해 뜻하지 않은 강제 안식년을 누리게 되고 『도시로 읽는 사도행전』의 저자인 신승철 필리핀 선교사님을 '우연히' 만나게 되어 용기를 내게 되었다. 이 책은 누가복음 묵상집이다. 누가복음은 성경 저자 중 유일한 이방인 저자인 누가이다. 그는 사도 바울의 동역자로서 하나님의 역사를 보는 탁월한 역사관을 가지고 있다. 그의 섬세한 눈으로 본 예수님과 그의 제자들의 역사를 일 년에 걸쳐 보는 것도 멋진 일이 아닐까? 누가는 누가복음을 하나님을 사랑하는 한 사람 데오빌로를 위해 저술하였다. 그래서 필자도 같은 마음으로 하나님을 사랑하는 단 한 사람이라도 이 책을 통해 매일 아침 말씀의 은혜를 누리게 되기를 바란다.

본래는 일 년에 걸쳐 누가복음과 사도행전을 묵상하고자 하는 '욕심'으로 신승철 선교사님과 함께 한 권의 책으로 내고자 했으나 집필을 마치고 편집해 보니 책의 분량이 너무 많고 두꺼워 부득이 각각의 책으로 펴내게 되었다.

하나님께서 허락하시면 '요한과 함께하는 하루'(요한복음, 요한일서 요한이서, 요한삼서, 요한계시록), '바울과 함께하는 하루'(로마서, 고린도전후서, 갈라디아서, 에베소서, 골로새서, 빌립보서 …) 등을 집필해 보고자 한다. 더 가능하다면 모세오경과 선지서를 묵상해 보고 싶기도 하다. 주께서 은혜를 주시기를 기도한다.

이런 형태의 묵상집은 나의 존경하고 사랑하는 친구 이재철(이이삭) 목사님의 아이디어다. 이 목사님은 독일에서 이미 독일어로 이런 종류의 많은 '일용할 양식'을 집필하고 펴낸 바 있다. 필자도 가끔씩 그의 사역에 조금씩 동역하여 공동 집필한 적도 있었다. 필자의 크리스천 이름이 '누가'인 만큼 누가복음 만큼은 스스로 해보고자 하는 마음으로 먼저 이 『누가와 함께하는 하루 누가복음』을 출간하게 되었다. 하나님께 영광을 돌리고 친구 이이삭 목사님께 감사한다.

이 책은 탁월한 신학자의 주석이나 공부하는 연구서가 아니다. 지극히 평범한 선교사의 아침 묵상이다. 필자는 이 책의 독자들이 성경을 분석하고 주해하기보다는 말씀을 조용히 듣고 우리의 삶에 적용하여 주의 말씀에 순종하는 복된 삶을 누리게 되기를 기도한다.

독일에는 "사람은 먹는 대로 형성된다(Man ist, was man isst)."라는 속담이 있다. 우리가 매일매일 건강한 식사를 한다면 건강한 삶을 살 수 있다는 말이다. 마찬가지로 매일매일 하나님의 입으로부터 나오는 말씀을 '먹을' 때 우리의 인격이 형성되고 가치관이 바뀌고 참 그리스도인다운 모습으로 자랄 것이다. 이 묵상집으로 하루를 시작하는 독자들이 은혜의 사람이 되고 선교적인 일상을 살아내는 하나님의 사람들로 자라가게 되기를 간절히 기도한다.

독일 타우누스(Taunus) 산자락에서
안식년을 보내며
권영진

올해의 성

여호와께서 집을 세우지 아니하시면 세우는 자의 수고가 헛되며"(시편 127:1a)

독일의 본(Bonn)과 코블렌츠(Koblenz) 사이 바트 회닝겐(Bad Hönningen) 근처 아렌펠스(Arenfels)에는 라인강 포도밭을 따라 세워진 멋진 성이 하나 있습니다. 이 성의 별명은 '올해의 성'입니다. 신고딕 식으로 지어진 이 성은 365개의 창과 52개의 문과 12개의 탑으로 구성되어 있습니다. 이 성이 왜 이런 별명을 갖게 되었는지 짐작하시겠지요? 한해는 365일, 52주, 12달입니다. 따라서 우리는 한해를 살면서 아름다운 성을 짓습니다. 그러나 어떤 날은 멋진 돌을 깎기도 하고 어떤 날은 좀 투박하게 만들 수도 있습니다. 그리고 그 하루하루 지나간 날을 우리는 되돌릴 수도 없습니다. 연말이 되면 우리는 우리가 지난해 지은 성의 열쇠를 반납해야 합니다.

우리 모두는 오늘 시작하는 한해를 위한 계획과 이루고자 하는 목표가 있습니다. 그래서 우리의 모든 힘과 최선의 지혜를 짜내고 있습니다. 그러나 가장 중요한 것은 우리가 이 성을 하나님과 함께 짓느냐 아니면 우리 자신만의 힘과 지혜로 지으려고 하는가입니다. 하나님께서는 이 성의 건축을 위해 설계 도면과 시공 매뉴얼을 주셨습니다. 우리가 그의 음성을 듣고 말씀을 따라 행한다면 아주 아름다운 성을 지을 수가 있습니다.

매일 아침마다 기도하면서 그의 음성을 듣고 그의 말씀에 귀를 기울이지 않겠습니까? 그렇게 한다면 좀 더 나은 삶을 살 수 있고 좀 더 아름다운 성을 지을 수 있습니다.

누가복음을 통해 누가와 함께하는 일 년을 복되게 살아가기를 기도합니다. 아멘!

큰 기쁨의 좋은 소식

누가복음은 기쁨에서 시작해서 기쁨으로 끝나는 책이라 할 수 있습니다. 누가복음 2장 10절에서 베들레헴 들판에서 양을 치던 목자들에게 천사들이 나타나 그리스도의 탄생을 전하면서 이같이 말했습니다. "무서워하지 말라, 보라 내가 온 백성에게 미칠 큰 기쁨의 좋은 소식을 전하노라." 그리고 마지막 24장은 예수님의 죽음으로 인해 큰 슬픔에 있던 엠마오의 두 제자들이 기쁨으로 예루살렘으로 돌아가 예수 부활의 증인이 되었음을 증거합니다. 이렇게 누가복음은 기쁨과 찬송으로 시작하여 기쁨과 찬송으로 끝납니다(누가복음 24:52-53). (『성경 무엇을 말할까?』 - 이바울, 오렌지도서)

저자 누가는 하나님을 떠나 참 인간의 모습을 잃어버리고 슬픔에 빠진 인생들이 예수님을 만나 크고 놀라운 기쁨을 회복하는 수많은 사건들을 기록하고 있습니다. 7장의 나인성 과부의 이야기, 19장의 삭개오 이야기, 이런 이야기들을 통해 선한 사마리아인으로 오셔서 강도 만난 자와 같은 우리 한 사람 한 사람을 싸매시고 돌보아주시고 낫게 해주시는 구원자이심을 증거하고 있습니다. 예수님은 모든 슬픔과 고통의 근본 문제인 죄와 죽음을 이기시고 우리에게 진정한 기쁨과 생명을 회복시켜 주시는 메시아이십니다. 인자로서 우리를 가장 잘 아시는 분의 모습이 잘 나타나 있습니다.

우리를 슬픔과 고통과 병과 외로움에서 구원하시는 의사요 상담자요 그리스도로 오신 예수님을 우리는 누가복음을 통해 만날 수 있습니다. 이 QT 묵상집을 통해 매일매일 우리의 구원자 예수님을 만나실 수 있기를 기도합니다. 저자 누가는 하나님을 사랑하는 데오빌로 각하 한 사람(?)을 위해 이 긴 복음서를 저술했습니다. 한 사람의 중요성을 배웁니다. 매일의 묵상을 통해 말씀이 주는 힘으로 하루에 한 사람을 사랑하는 테레사 수녀의 영성으로 하루하루를 살아내기를 기도합니다. 아멘!

차례 • • •

5장

6장

7장

8장

9장

10장

11장

12장

13장

14장

15장

16장

17장

18장

1 장

하나님 앞에서 경건한 노 부부, 엘리사벳과 스가랴

누가복음 1:1–7

역사가 누가는 자신의 복음서를 시대를 언급함으로 시작합니다. '유대 왕 헤롯 때에' 이 짧은 언급이 그 당시 하나님의 백성이 살던 시대상을 잘 설명해 줍니다.

I. 어두운 시대

헤롯 대왕은 BC 46부터 4년까지 유대 땅을 다스렸습니다. 그는 에돔 출신입니다. 그래서 그는 이스라엘의 왕이 될 수 없는 신분이었습니다. 그럼에도 불구하고 그는 정치력과 외교력을 발휘하여 로마의 황제에게 아부하여 유대의 통치권을 받았습니다. 그는 이 통치권을 지키기 위해 모든 것을 다 했습니다. 처음 그는 예루살렘에 성전을 지어 유대인들의 환심을 샀습니다. 그러나 그는 그의 정적들을 모두 죽였습니다. 심지어 그의 아내와 자식들마저도 자신의 통치권에 도전한다면 가차없이 죽이는 살인자요 독재자였습니다. 우리가 잘 아는대로 그는 유대인의 왕으로 예수님께서 탄생했다는 동방박사의 말을 듣고 베들레헴에 사는 두 살 이하의 모든 아기를 죽이는 끔찍한 일도 서슴치 않았습니다. 정치 지도자가 그렇다면 종교 지도자들은 달라야 했습니다. 그러나 그 당시 사두개인,

바리새인들은 백성들을 억압하고 착취하는 위선적인 종교 집단을 이루어 시대를 더 어둡게 만들었습니다. 그들은 하나님 앞에 살지 않았습니다.

II. 하나님의 등불은 아직 꺼지지 않았습니다

그러나 그 어두운 시대를 밝히는 하나님의 등불은 아직 꺼지지 않았습니다. 오히려 시대가 어두우면 어두울수록 그 등불은 더욱 밝게 시대를 비춥니다. 누가는 한 나이 많은 부부 엘리사벳과 스가랴를 주목합니다. 이 부부는 나이도 많고 자식이 없는 인간적으로 보면 희망이 없는 부부였습니다. 그러나 그들은 경건하고 의로운 율법을 지키는 남은 자였습니다. 그들이 어떻게 이렇게 살 수 있었을까요? 그들은 하나님 앞에 살았습니다(Coram Deo). 말씀으로 살았습니다. 이 한 노 부부는 그 시대를 밝히는 하나님의 등불이었습니다. 당신은 어떤 삶을 살고 있나요?

사가랴의 기도

누가복음 1:8-13a

그 당시 유대에는 24반열의 약 20,000명의 제사장들이 있었습니다. 모든 반열이 순서를 따라 자신들의 제사장 업무를 일주일간 수행했는데 순서가 돌아온 반열에 속한 제사장들이 모두 모여 제비를 뽑아 자신들이 해야 할 업무를 나누었습니다. 성전을 청소하는 일, 나무를 구하여 불을 때는 일… 여러 종류의 업무가 배당되었습니다. 특히 분향하는 업무는 모든 업무 중에 가장 귀중한 업무로 부러움을 받는 업무 중에 하나였습니다.

I. 사가랴는 분향하는 직무를 수행하게 되었습니다

제사장은 자신의 생애 중에 단 한번 이 분향하는 업무를 수행할 수 있었습니다. 심지어는 자신의 일생 동안 단 한 번도 이런 직무를 수행하지 못하는 제사장도 있었다고 전해집니다. 사가랴는 노인이 되었을 때에야 이 직무를 하나님 앞에서 수행할 수 있었습니다. 계시록에 따르면 분향은 성도들의 기도를 상징하는 행위입니다(요한계시록 8:4; 시편 141:2). 사가랴가 분향을 드리는 그 시간에 백성들은 성전 밖에서 기도했습니다.

II. 사가랴는 성전에서 백성들과 자신을 위해 기도했습니다

제사장으로서 사가랴는 분명히 백성들을 위해 기도했을 것입니다. "주여 우리 백성을 긍휼히 여기시고 메시아를 보내주소서, 우리를 로마의 압제에서 풀어주소서. 우리의 죄를 용서하소서!" 이런 기도를 드렸을 것이 분명합니다. 그러나 그는 또한 이 기회를 사용해서 자신과 자신의 가정의 한 맺힌 기도를 드렸습니다. "주여 저와 저희 가정에 자손을 허락하셔서 이 제사장 직무를 이어가게 하소서!" 하나님은 이 기도를 들으시고 천사를 보내 그에게 아내 엘리사벳이 잉태하여 요한이라 하는 아이를 낳게 될 것을 말씀해 주셨습니다. 하나님은 사가랴의 두 가지 기도 제목을 동시에 들어주십니다. 여기서 우리는 우리가 하나님의 뜻에 따라 기도할 때 반드시 그 응답을 받게 된다는 사실입니다. 에베소서 3장 20절은 우리가 드린 기도보다 더 넘치게 축복하시고 응답하신다고 기록되어 있습니다. 당신은 어떤 기도를 드리시나요?

'요한'이란 이름

누가복음 1:13

하나님의 천사가 기도하는 종 사가랴에게 장차 태어날 아이의 이름을 '요한'이라고 알려주었습니다. '요한'이란 이름은 어떤 뜻이 있을까요?

I. 하나님은 은혜로우시다

'요한'의 뜻은 '하나님은 은혜로우시다'입니다. 사가랴와 엘리사벳은 그의 아들 요한을 그들의 경건이나 또는 제사장으로서의 직무를 잘 수행해서 받은 보상이 아니었습니다. 순전히 하나님의 일방적인 은혜로 그 아들을 선물로 받은 것이었습니다. 그는 예수 그리스도로 오는 더 큰 은혜를 전하게 될 하나님의 선물이었습니다. 그들이 자신들의 아들 요한을 이름으로 부를 때마다 그들은 이 아이의 특별한 출생을 기억할 것입니다. 그의 사명을 기억하고 그를 위해 기도했을 것입니다. 성경에서 이름은 인격과 사명을 보여줍니다.

II. 은혜의 복음

'요한' – '여호와는 은혜로우시다.'

이 이름이 뜻하는 메시지가 우리와 세상에게 가장 중요한 메시지입니다. 이 메시지는 우리 기독교를 모든 다른 종교와 구별되게 하는 메시지입니다. 어떻게 크고 높으신 하나님께서 죄악된 우리와 함께하시며 육체를 가진 우리와 함께하시는지 그 신비가 큽니다. 사도 바울은 항상 이 은혜를 기억하고 간직하고 있었습니다. 그래서 그는 지치지 않는 선교사역을 감당할 수 있었습니다. 그는 그의 제자이며 영적 아들인 디모데에게 은혜 안에서 강하라고 권면합니다(디모데후서 2:1). 이 은혜가 우리를 다시 일어나게 합니다. 우리가 지치고 쓰러질 때 우리를 독수리같이 다시 날게 하는 것은 바로 하나님의 한량없는 은혜입니다. 사가랴와 엘리사벳이 그들의 늙은 나이에도 불구하고 기도를 쉬지 않을 수 있었던 것도 이 하나님의 은혜에 의지했기 때문입니다. 우리는 예수 그리스에게서 은혜 위에 은혜를 받습니다. 그의 은혜는 결코 모자라거나 떨어지지 않습니다. 그의 은혜의 생수의 강에서 우리는 구원의 노래를 부릅니다(이사야 12장).

그가 주 앞에서 큰 자가 되며

누가복음 1:14-16

요한의 출생은 사가랴 부부에게는 물론 모든 사람에게 큰 기쁨이 됩니다. 그는 주 앞에서 큰 자가 되며 많은 사람을 생명으로 이끄는 회개의 메시지를 전할 것이기 때문입니다. 그는 주 앞에서 주의 길을 예비하는 메시아의 선구자로서의 사명을 다할 것이기 때문입니다. 그러면 그가 어떻게 이 사명을 다할 수 있을까요?

I. 요한은 주 앞에서 큰 자가 될 것입니다

사람은 누구나 큰 자가 되고자 합니다. 누구나 사람들의 인정과 칭찬을 받고 싶어합니다. 그리스도인들도 예외는 아닙니다. 그런데 세례 요한은 어떻게 하나님 앞에서 큰 자가 되었을까요? 그는 철저하게 자신을 낮추고 그리스도만을 증거했습니다.

"그는 흥하여야 하겠고 나는 쇠하여야 하리라."

이 말씀대로 그는 살았습니다. 그러나 그는 결국 진리를 증거하다가 헤롯에 의하여 목이 잘려 죽는 고난의 종이 되었습니다. 자신이 누구인가를 잘 아는 사람은 하나님 앞에서 큰 자가 될 수 있습니다. 겸손한 자, 진리를 위해 목숨을 내어놓는 자는 큰 자가 될 수 있습니다.

II. 요한은 성령으로 충만하게 됩니다

요한은 모태로부터 성령으로 충만하게 됩니다. 성령의 능력으로 많은 사람들을 회개하게 하고 주의 길로 인도하게 됩니다. 그는 독주를 마시지 않고 구별된 나실인의 삶을 거룩하게 살면서 성령의 인도하심을 받게 됩니다. 광야에서 세상의 조류에 휩쓸리지 않고 거룩하고 구별된 하나님의 사람으로서의 삶을 살게 됩니다. 우리도 이렇게 말씀으로 경건하게 살 때 성령의 인도하심을 받아 충만한 삶을 살게 됩니다. 요한의 삶은 하나님의 종의 모습이 어떠해야 하는가를 잘 보여줍니다. 아멘!

세례 요한의 사명

누가복음 1:17

누가복음 1장 17절은 세례 요한의 사명에 대해 이렇게 기록합니다.

> "그가 또 엘리야의 심령과 능력으로 주 앞에 먼저 와서 아버지의 마음을 자식에게 거스리는 자를 의인의 슬기에 돌아오게 하고 주를 위하여 세운 백성을 예비하리라."

이사야서 40장에는 이 세례 요한이 광야의 외치는 자의 소리로 왕의 오시는 길을 예비하는 선구자로서 높아진 것은 낮게 만들고 꿀짜기는 돋우어서 높게 하고 삐뚤어지고 험준한 곳을 평탄케 하는 사명을 수행할 것이라고 기록되어 있습니다. 하나님 앞에서 교만하여 높아진 마음을 돌이켜 낮게 해야 우리는 왕되신 예수님을 마음으로 영접하고 그의 다스리심을 받을 수 있습니다. 또 죄와 운명과 어두움으로 상하고 낮아진 마음을 은혜로 돋구어야만 하나님의 자녀로서의 품위와 넉넉함을 누릴 수 있습니다. 오늘 본문 말씀에는 아버지의 마음을 자식에게 돌이키게 하는 사명을 요한이 가졌다고 기록되어 있습니다. '아버지의 마음이 자식에게' 이건 너무 당연한 것 아닌가요? 그런데 그렇지 않습니다. 그 당시 '아버지'라 할 수 있는 종교 지도자들과 정치 지도자들은 백성들에게 마음이 있기보다 자신과 자신의 이익에만 마음이 있었습니다. 그들은 아비의 위치에 있었지만 그 마음을 자식에게 두지 않았습니다. 이런 상태에서 백성들은 도탄에 빠져 유리 방황하였습니다. 언제나 시대는 그 지도자들이 정말 그 마음을 백성에게 두고 마음으로 섬기는가에 달려 있습니다. 그 '아비'들이나 '자식'들이나 다 그리스도의 다스리심이 필요합니다. '아비'는 왕 되신 하나님 앞에서 더 겸손하게 자신에게 주어진 책임과 사명을 주신 다해야 하고 '자식'들은 그리스도 안에서 은혜를 입어 이제 자신들도 아비요 목자로서 이웃을 위해 사는 힘찬 인생을 살아야 합니다.

또한 세례 요한은 거스리는 자를 의인의 슬기에 돌아오게 한다고 말씀합니다. 진정한 의인의 지혜가 어디에 있을까요? 여호와를 경외하는 것이 지식의 근본입니다. 주의 종은 모든 높아지고 하나님께 순종하지 않고자 하는 모든 완악한 마음을 버리고 주 앞에 무릎 꿇고 하나님을 나의 왕이요 주로 고백해야 합니다. 이렇게 우리는 이제 작은 '세례 요한'으로서 다시 오실 왕 중의 왕, 만주의 주를 맞을 백성을 예비해야 합니다. 아멘!

벙어리 훈련

누가복음 1:18-25

하나님께서는 당신의 종 사가랴를 사랑하십니다. 그래서 그를 훈련하십니다.

I. 사가랴의 의심

하나님의 천사가 사가랴에게 기쁜 소식을 전해주었을 때 사가랴의 반응이 어떠했나요? "내가 이것을 어떻게 알리요 내가 늙고 아내도 나이가 많으니이다." 믿음은 히브리서 11장 1절의 정의에 따르면 하나님의 약속에 대해 보지 못하더라도 의심 없이 받아드리는 것을 말합니다. 그러나 그는 하나님의 말씀의 확실성에 대한 증거가 없기 때문에 받아들이지 못했습니다. 그는 중단 없이 기도하는 '믿음'이 있었습니다. 그런데 그는 하나님의 약속을 보지 않고 믿는 믿음이 부족했습니다. 우리의 믿음은 어떠한가요?

II. 사가랴의 훈련

"보라 이 일이 되는 날까지 네가 말을 못하는 자가 되어 능히 말을 못하리니 이는 네가 내 말을 믿지 아니함이거니와 때가 이르면 내 말이 이루어지리라."

우리 하나님은 자신의 종들을 그들의 연약함이나 실수로 인하여 잘 책망하지 않습니다. 하지만 그들의 불신앙을 인하여 강하게 책망합니다. 왜 그러실까요? 하나님의 관점에서는 우리의 사소한 약점이나 연약함은 크게 문제가 안되지만 불신앙은 죄의 근원이 되는 모든 불행의 뿌리가 되는 심각한 문제이기 때문입니다. 사가랴는 아들 요한이 출생하기까지 벙어리 훈련을 받아야 했습니다. 이 기간 동안 그는 자신의 믿음 없음과 하나님의 크신 구속의 역사를 조용히 묵상했습니다. 그의 아내 엘리사벳은 믿음의 여인이었습니다. 그녀는 남편이 벙어리 훈련을 받고 있음에도 하나님의 놀라운 구속 역사를 찬양했습니다. 엘리사벳과 사가랴, 이 노부부를 쓰시는 하나님을 찬양합니다. 우리는 이 세상에서 어떤 사람이 되어야 할까요?

은혜 입은 마리아

누가복음 1:26-29

엘리사벳이 임신한지 6개월 되는 달에 하나님께서 그의 천사 가브리엘을 갈릴리 나사렛에 사는 마리아라 이름하는 처녀에게 보내셨습니다.

I. 은혜 입은 마리아

나사렛이란 동네는 이스라엘의 북방에 위치한 아주 작은 마을이었습니다. 이 마을은 "나사렛에서 무슨 선한 것이 나오겠느냐?"는 속담이 말해주듯 역사와 사회에서 그 어떤 중요성을 가지고 있지 않았습니다. 그 마을의 사람들은 어떤 특별한 희망을 품지 않고 지극히 소시민적이고 평범한 삶을 살았습니다. 마리아도 예외는 아니었을 것입니다. 결혼 적령기가 되었을 때 그녀는 그 당시의 모든 여인들이 그러했듯이 준수하고 친절한 신랑감을 만나 행복한 가정을 이루는 꿈을 가졌을 것입니다. 이제 막 목수로서의 일을 시작한 청년 요셉을 처음 만났을 때 그녀의 이러한 '소확행'이 이 청년을 통해 이룰 수 있겠다고 생각했을 것입니다. 그녀의 마음 속에 이제 이 청년 요셉이 자리 잡기 시작했습니다. 이 두 젊은이들은 서로 사랑하게 되었고 마침내 약혼에 이르렀습니다. 그 당시 약혼 기간은 약 1년, 저자 누가는 마리아가 처녀인 것을 강조합니다. 이를 통해 두 청년이 약혼 기간에도 서로 절제하고 존중하는 순전함을 지키는 아름다운 청년이었음을 알게 됩니다.

천사 가브리엘이 마리아에게 이르러 "은혜를 받은 자여 평안할지어다, 주께서 너와 함께하시도다."라고 문안했습니다. 마리아는 이 문안이 무엇을 뜻하는가 심히 놀라며 생각했습니다.

II. 주께서 너와 함께하시도다

"하나님께서 우리와 함께하신다." 이 메시지가 바로 은혜요 복음입니다. 크고 높으신 주님께서 낮고 천한 우리들과 함께하신다는 이 임마누엘의 소식이 바로 복음입니다. 400년 전 말라기 선지자 이후 이러한 하나님의 나타나심이 없었고 그 말씀을 들은 자도 없었습니다. 주께서 우리와 함께하시면 아무도 우리를 해할 자가 없습니다. 주께서 함께하는 자, 주와 동행하는 자, 그는 모든 일에 형통하며 선하고 아름다운 열매를 맺게 됩니다. 주께서 함께하는 자, 바로 그가 은혜를 입은 자입니다.

네가 잉태하여 아들을 나으리니

누가복음 1:30–31

당시 유대 사회에서는 정혼도 결혼과 같은 구속력을 가지고 있었습니다. 예를 들어 만일 정혼자가 그 기간 동안에 죽는다면 그의 약혼녀는 과부로 여겨질 정도였습니다. 따라서 정혼을 깬다는 것은 죽음이나 이혼을 생각하지 않고는 불가능한 일이었습니다. 그래서 약혼자의 임신은 곧 간통을 의미했고 그것은 돌에 맞아 죽는 형벌을 감수해야 했습니다(신명기 22:23-24).

I. 은혜

가브리엘 천사가 마리아에게 "잉태하여 아들을 낳게 될 것이다."라고 말씀해 주었습니다. 만약 그렇게 된다면 정혼자 요셉은 마리아를 부정하고 음란한 여인으로 간주하고 그녀를 떠날 수도 있었습니다. 은혜를 뜻하는 독일어 단어 'Gnade'는 원래 'herabneigen, 낮아져서 어떤 사람에게 다가가다.'라는 뜻을 가지고 있습니다. 하나님께서 마리아를 사랑하셔서 다가가시고 그녀에게 주님의 어머님이 되는 사명을 주셨습니다. 이 사명은 많은 고통과 어려움을 동반했습니다. 그녀가 아들 예수가 십자가에서 끔찍하게 죽을 때 그녀의 가슴이 슬픔의 폭탄으로 터지는 것 같았습니다. 이런 모든 아픔에도 불구하고 이 하나님의 사명은 마리아에게 임한 그녀를 온 인류를 구원하는 역사의 동역자로 초청하는 하나님의 은혜였습니다. 그래서 "그리스도 안에서 사명은 곧 은혜다."라고 말할 수 있습니다.

II. 그 이름을 예수라 하라

'예수'라는 이름의 뜻은 '구원자'라는 뜻입니다. 마태는 그의 복음서에서 그가 그의 백성을 죄에서 구원하는 자가 될 것이라고 기록했습니다. 예수님께서 우리를 죄에서 구원하실 수 있는 것은 자신을 속제제물, 또는 화목제물로 하나님께 드렸기 때문입니다. 그러므로 이제는 누구나 예수를 배워 알고 그와 인격적인 관계를 맺고 그 이름을 믿는다면 하나님의 용서와 영생의 복을 받을 수 있습니다. 마리아는 구원자, 메시아를 해산하는 큰 일을 하게 됩니다. 마리아 자신도 그녀가 아무리 경건하다 할지라도 이 하나님의 은혜가 필요했습니다. 왜냐하면 그녀의 경건이 자신을 구원할 정도로 충분하지 못했기 때문입니다. 하나님의 부르심의 은혜로 그녀는 예수님을 알고 사귀고 그를 하나님의 아들로 믿게 되었고 그를 통해 구원을 받게 되었습니다. 이것이 은혜입니다. 은혜는 사명과 구속입니다. 당신은 무엇을 은혜라고 정의하시나요?

그는 영원한 왕이 될 것입니다

누가복음 1:32-33

하나님께서는 메시아가 오시기 약 1,000년 전에 이미 다윗왕에게 다윗의 씨에서 한 후손을 일으켜 그에게 왕위를 주고 그의 나라를 영원 무궁히 다스리게 할 것이라 약속하셨습니다. 하나님의 천사는 마리아가 낳게 될 아이가 바로 이 메시아이며 다윗의 왕위를 이은 영원한 왕이 될 것이라고 확인하였습니다.

I. 다윗과 같은 왕

예수님은 하늘과 땅의 모든 권세를 가지신 왕 중의 왕이십니다. 그러나 그는 자신의 힘과 권력을 단 한 번도 자신을 위해 쓰지 않으셨습니다. 항상 자신의 백성들을 위해 사용하셨습니다. 그는 자신의 백성을 사랑하시되 끝까지 사랑하시고 심지어 자신의 목숨을 백성들을 위해 드리셨습니다. 그의 나라는 사랑의 나라입니다. 의와 평화의 나라입니다(이사야 11:1-9).

II. 그의 나라는 무궁합니다

예수 그리스도의 나라는 영원합니다 인류의 역사가 시작된 후로 수많은 나라들이 일어나고 흥하다 어느 시점이 지나면 쇠하고 망했습니다 그리고 역사의 무대에서 사라졌습니다. 바벨론이 그러했고, 페르시아, 알렉산더의 헬라, 1,000년의 로마제국, 나폴레옹의 프랑스, 해가 지지 않는 나라 대영제국이 그러했습니다. 자고이래 지금까지 가장 큰 나라였던 USSR(소련)도 순식간에 망했습니다. 얼마나 많은 사람들이 이 나라들을 일으키기 위해서 일하고 희생했을까요? 그러나 해 아래서 수고한 그들의 수고는 다 물거품이 되었습니다.

그러나 예수 그리스도의 나라, 하나님 나라는 끝이 없습니다. 누구든지 예수를 왕으로 모시고 그를 섬기는 자는 영원히 살게 될 것입니다. 모든 수고와 눈물은 이 나라에서 영원한 위로와 희락으로 바뀌게 될 것입니다.

루이스(C. S. Lewis)는 다음과 같이 말했습니다.

> "영원을 위한 것이 아니면 그것은 영원히 의미 없는 것이 될 것입니다."

당신은 어떤 가치를 위해 살고 있습니까?

말씀대로
내게 이루어지이다

누가복음 1:34-38

마리아는 천사의 갑작스럽고 놀라운 소식에 대해 이렇게 응답했습니다.

"나는 남자를 알지 못하니 어찌 이 일이 있으리이까?"

마리아는 어떻게 처녀가 잉태하는 일이 일어날 수 있는지 알고 싶어서 천사에게 물어보았습니다.

I. 천사의 설명

가브리엘 천사는 마리아가 성령의 능력으로 잉태하게 된다고 설명했습니다. 구체적인 한 예로 마리아의 친척 중 한 분이신 엘리사벳을 들었습니다. 그녀는 나이 많아 소망이 없는 상태였으나 하나님께서 은혜로 세례 요한을 낳아 어머니가 되는 복을 내려 주셨습니다. 또한 "하나님의 모든 말씀은 능하지 못하심이 없느니라."라는 말씀으로 마리아에게 믿음의 결단을 요구했습니다. 하나님의 구속 역사는 성령과 말씀의 능력으로 이루어집니다. 힘으로도 안되고 능으로도 안됩니다. 오직 성령의 능력만이 이 세상을 구원할 수 있습니다.

II. 마리아의 결단

천사의 설명을 들은 마리아는 지체하지 않고 즉시 결단했습니다. 그녀는 그녀의 부모님에게나 약혼자 요셉에게 물어봐야 한다고 대답하지 않았습니다.

"주의 여종이오니 말씀대로 내게 이루어지이다."

여기서 우리는 마리아의 결단과 순종이 얼마나 아름다운지 알 수 있습니다. 언제나 새로운 시대는 하나님의 은혜로 성령의 능력으로 그리고 부르심을 받은 자의 순종으로 시작됩니다.

당신은 자신을 누구라 정의합니까? 자신의 정체성에 따라 우리의 삶의 중대한 결단이 달라집니다.

마리아와 엘리사벳

누가복음 1:39-45

이렇게 마리아가 결단하자 천사가 그녀를 떠나갔습니다. 그 이후 즉시 마리아는 여행을 준비하고 유대 땅 산골 한 동네로 가서 천사에게 전해들은 엘리사벳의 근황을 확인하고자 했습니다. 아마도 엘리사벳은 마리아와 먼 친척 관계였던 것으로 추정됩니다.

I. 마리아는 영적인 지지를 받고자 했습니다

마리아는 나사렛에서 유대 산골까지 이 힘든 여행을 감수했는데 이는 어렵고 혼란스러운 결단의 순간에 믿음의 조언을 듣고자 한 것이었습니다. 또한 하나님의 역사를 직접 확인하고자 한 것이었습니다. 믿음의 친구들 선배들의 조언과 격려와 칭찬은 너무나 소중합니다. 아마도 마리아가 자신의 집안 가족들에게 조언을 구했다면 모두 그녀를 "미쳤다."고 했을 것입니다. 그러나 믿음의 사람들은 인간적인 조언보다는 하나님의 일하심을 살피고 어떤 사람에게 일어난 일에 대하여 그 근원을 알아가면서 조언하는 것이 필요해 보입니다.

II. 엘리사벳의 격려와 축복

엘리사벳은 아마도 70이 넘은 '할머니'였을 것입니다. 마리아는 16-18세의 젊은 청년이었습니다. 그런데 엘리사벳은 마리아의 방문을 받고 성령의 감동으로 마리아를 마음껏 축복했습니다. "내 주의 어머니"라고까지 극찬했습니다. "여인 중에 복 받은 여인", 엘리사벳은 믿음의 눈으로 마리아를 바라보았습니다. 우리는 사람을 믿음의 눈과 가치관으로 평가해야 합니다. 세상의 평가는 그 사람의 가진 것과 능력과 신분 등에 좌우됩니다. 그러나 믿음의 사람들은 성령의 눈으로 그가 얼마나 하나님을 사랑하는가에 기초하여 평가해야 합니다. 또 시기하지 말고 상대방이 하나님께 받은 은혜를 마음껏 축복해 줄 필요가 있습니다.

한 여인의 믿음의 결단은 세상의 운명을 바꾸었습니다. 또 한 여인의 격려와 축복은 그 여인이 그 믿음의 결단을 지킬 수 있도록 해주는 축복의 통로가 되었습니다. 당신은 어떤 사람이 되기를 바라십니까?

마리아의 찬가
(Magnifikat)

누가복음 1:46-56

신학자들은 우리 인간이 하나님께 드릴 수 있는 찬송가 중에 가장 뛰어난 찬송이 바로 마리아의 찬가라고 말하기도 합니다. 마리아는 이 찬미를 그녀의 영혼으로 하나님께 드렸습니다.

"내 영혼이 주를 찬양하며"

이 얼마나 멋진 고백입니니까?

I. 은혜와 긍휼의 하나님

마리아는 거룩하시고 크고 높으신 하나님께서 자신의 비천함을 돌아보시고 자신에게 큰 일을 행하셨다고 찬송합니다. 그녀가 누리는 복은 마리아 시대 당대에 그치는 것이 아니라 만세에 이르러 그녀를 복이 있다 할 것이라 했습니다. 하나님의 구속 역사는 언제나 영원한 가치를 지닙니다. 나 한 사람이 은혜를 입은 것은 나에게 뿐만 아니라 온 세상, 만세에 걸쳐 그 효력과 영향력을 미칩니다. 할렐루야!

II. 교만한 자를 흩으시는 하나님

하나님은 교만한 자를 싫어하시고 겸손한 자를 높이십니다. 권세 있는 자를 그 자리에서 내리시고 비천한 자를 그 자리에 앉히십니다. 주린 자를 좋은 것으로 배부르게 하시고 부자를 빈 손으로 보내십니다.

III. 언약의 하나님

우리 하나님은 언약의 하나님이십니다. 아브라함과 그 자손에게 하신 약속을 영원히 지키시는 하나님이십니다. 자기 백성을 위해 메시아를 보내겠다는 그 오래된 약속을 바꾸지 아니하시고 때가 되어 처녀의 몸을 빌려 그 약속을 이루십니다. 다시 오시겠다고 하신 새 하늘과 새 땅의 약속도 반드시 이루실 것입니다. 아멘!

크신 하나님의 긍휼

누가복음 1:57-58

사가랴와 엘리자벳의 이웃들과 친척들은 그들 부부가 나이 많을 때까지 아이가 없어 걱정을 많이 했습니다. 그런데 이제 엘리사벳이 임신하여 해산을 기다리자 또 걱정했습니다. 저 늙은 노인이 해산을 잘할 수 있을지 걱정했습니다. 우리 인생은 이래도 걱정, 저래도 걱정인가 봅니다.

I. 요한의 출생

하나님의 도우심으로 엘리사벳은 건강한 사내 아이를 낳았습니다. 모두가 그녀와 함께 기뻐했습니다. 이 아이의 출생은 예수 그리스도로 인하여 우리에게 임할 은혜의 전초 사인이었습니다.

II. 복음서 저자 누가의 관점

누가는 이 사실에 대해서 하나님의 관점에서 다음 같이 논평했습니다.

> "이웃과 친족이 주께서 그를 크게 긍휼히 여기심을 듣고 함께 즐거워하더라."

하나님께서 경건한 엘리사벳과 사가랴 제사장 부부에게 아들을 주셨는데 이는 그들이 경건하게 살았음도 아니고 제사장이었기 때문도 아니었습니다. 또 열심히 변함없이 기도했기 때문도 아니었습니다. 다만 그들을 크신 긍휼로 바라보셨기 때문입니다. 하나님의 구속 역사는 언제나 하나님의 크신 긍휼하심에 기인합니다. 한 형제가 로마서 3장을 공부하고 예수 그리스도 안에 있는 하나님의 은혜를 덧입었습니다. 그리고 그는 질문했습니다.

"어떻게 하나님께서 나 같은 죄인을 위해 당신의 사랑하는 예수님을 화목제물로 드리셨을까?"

이 질문에 대해 우리는 명쾌한 대답을 할 수는 없습니다. 그러나 한 가지 대답은 할 수 있습니다. 그것은 바로 그가 우리를 불쌍히 여기셨기 때문이라는 것입니다.

루터는 유언으로 "우리 모두는 하나님의 은혜를 구걸하는 거지다."라고 말했습니다.

요한의 할례

누가복음 1:59–66

요한이 태어난 지 8일이 되었습니다. 사가랴는 여전히 말을 못하는 벙어리 훈련을 받고 있었습니다. 유대의 관습과 율법을 따라 아이가 태어난 지 8일 만에 할례를 행하는 날이 왔습니다.

I. 할례의 의미

할례는 구별된 백성으로 "너는 하나님의 소유다."라는 의미를 가집니다. 이 할례는 하나님께서 아브라함에게 명하신 것으로 모세의 율법보다 앞섭니다. 유대 백성들에게는 이 할례야말로 자신들을 이방인들과 구별하는 표지요 자랑이었습니다. 따라서 이날에 보통 갓 출생한 아이들의 이름을 지어주고 함께 즐거워했습니다. 신약에 와서 이 할례는 세례로 대체되었습니다. 누구든지 자신의 죄를 고백하고 예수그리스도를 영접하면 세례를 받고 하나님의 자녀가 됩니다. 그런데 왜 8일 만일까요? 과학자들에 의하면 아이가 출생한지 8일이 되면 피의 응고에 관여하는 단백질인 프로트롬빈의 수치가 가장 높다고 합니다. 피를 흘려야 하고 그 피가 잘 응고되어야 하는데 이날이 가장 좋은 날이라고 합니다. 하나님의 명령은 당시에는 잘 이해가 되지 않지만 우리에게는 도움이 되는 그 무엇인가를 제공합니다. 아멘!

II. 그 이름을 요한이라 하라

사가랴에게 친척들이 아이의 이름을 무엇이라 할까 물으니 사가랴는 서판에 '요한'이라고 썼습니다. 그 이후 그의 혀가 풀리고 입이 열리며 말을 하고 하나님을 찬송하게 되었습니다. 사가랴와 엘리사벳은 그 당시 관습과 전통을 따라 아버지의 이름을 따라 '사가랴 2세'라고 짓지 않고 천사가 지시한대로 '요한'이라 이름을 지었습니다. 그들은 믿음으로 순종하여 하나님의 이름을 높이고 자신들의 아들인 요한을 거룩한 사명을 위하여 하나님께 드렸습니다. 자녀들의 인생을 하나님께서 쓰시도록 내어드리는 일은 결코 쉽지 않지만 반드시 그렇게 해야 합니다. 아멘!

하나님의 방문

누가복음 1:67–68

사가랴는 메시아의 구속 사역을 성령으로 알고, 보고 예언하면서 하나님을 찬양했습니다. 마리아의 찬가와 함께 이 사가랴의 찬양도 예수 그리스도의 탄생의 의미를 더욱 분명히 보여줍니다. 사가랴가 미리 보는 희미한 여명으로도 하나님을 찬미했다면 오늘 이미 이 구속 사역을 눈으로 보도 손으로 만지고 귀로 듣고 생생하게 경험한 우리들이 하나님을 찬송하는 것은 너무나 당연하지 않겠습니까?

> "찬송하리로다 주 이스라엘의 하나님이여 그 백성을 돌보사 속량하시며"

사가랴는 하나님께서 자신의 백성 이스라엘을 돌보셨다고 말합니다. 여기서 돌보셨다는 단어는 원어의 의미상 "방문하셨다."입니다. 루터 독일어 번역성경에도 그렇게 나와 있습니다. "Er hat uns besucht."

우리 하나님은 천지와 모든 만물을 그리고 생명과 인생을 창조하신 높고 크신 엘로힘의 하나님이십니다. 그런데 그분께서 우리를 방문하셨다는 말인가요? 놀랍지 않으신가요? 이 한 단어에 담겨 있는 의미는 너무나 놀랍습니다. 하나님께서 이 땅을 방문하셨다는 것은 이 땅을 긍정하셨다는 의미입니다. 우리는 자주 이 땅을 저주받아 멸망할 곳으로 생각합니다. 그러나 하나님은 이 땅과 이 땅에 사는 자기의 백성을 자기의 피로 속량해서 다시 새롭게 하고자 하십니다. 우리는 죄와 죽음과 사탄의 권세 아래 노예로 살고 있었습니다. 그 노예를 다시 자유인으로 만들 수 있는 길은 누군가가 값을 치르고 그를 주인인 사탄으로부터 사서 해방해 주는 길밖에 없습니다. 바로 이 일을 하시기 위해 하나님의 아들, 예수 그리스도께서 우리를 방문하셨습니다. 할렐루야!

그러므로 우리는 이 땅을 긍정해야 합니다 나와 나의 삶, 이웃, 사회, 정부, 문화 이 모든 것을 긍정하고 이것을 하나님의 뜻에 맞게 변화시키고 새롭게 해야 합니다. 그렇게 하기 위해서는 우리도 그리스도를 본받아 나를 희생하고 드려서 가난한 자들에게 복음을 전파하고 갇힌 자에게 자유를 주고 억매인 자를 해방하는 '작은 그리스도'가 되어야 합니다. 아멘!

구원의 뿔

누가복음 1:69–71

사가랴는 하나님께서 다윗의 집에서 구원의 뿔을 일으키실 것이라고 하나님을 찬양합니다. 여기서 뿔은 힘을 상징합니다. 독일어 성경에는 'Macht(권세) des Heils(구원)'라고 번역되어 있습니다.

다윗 시대에 이스라엘은 가장 강력한 나라를 이루었습니다. 다윗 시대에 이스라엘은 힘이 있었습니다. 그리고 그 왕국은 다윗의 아들 솔로몬의 시대에 부와 지혜의 왕국으로 절정을 이루더니 그 이후 왕들의 죄와 백성들의 우상숭배로 인하여 급격하게 쇠퇴하였습니다. 결국 나라는 두 쪽으로 나뉘고 북 이스라엘은 앗수르에게 남 유다는 바벨론에게 멸망당했습니다. 마지막 왕 시드기야는 바벨론 왕 느부갓네살에 의해서 두 눈을 뽑힌 채 포로로 잡혀 갔습니다. 여기서 우리는 한 나라가 언제 힘이 있는지, 언제 그 힘이 없어지는지 잘 알 수 있습니다. 다윗과 같이 하나님을 섬기고 율법을 지키고 겸손하게 하나님을 의지할 때 그 나라는 부강해집니다. 그러나 그 하나님을 떠나 바알과 아세라의 우상을 섬기고 음란하고 백성의 지도자들이 뇌물을 좋아할 때 그 나라는 급격하게 약해집니다.

사가랴가 이 찬송시를 부를 당시 이스라엘은 로마의 지배 아래 있었습니다. 유대의 왕이 있었지만 그는 로마 총독의 통치 아래 있었습니다. 백성들은 자신들의 나라를 로마의 압제에서 구원해 줄 강력한 메시아를 기다리고 있었습니다. 한 나라뿐 아니라 한 개인의 운명도 마찬가지입니다. 우리 모두는 죄와 사탄의 지배 아래 죄의 종 노릇하고 있습니다. 누구도 여기서 우리를 구원할 힘을 가진 사람이 없습니다. 오직 하나님의 아들 그리스도께서 자신의 피로 값을 치르시고 우리를 그 사탄의 힘에서 빼어내어 하나님 앞에 다시 세울 수 있습니다. 그러므로 우리 인생은 사탄과의 전쟁이라 할 수 있습니다. 우리의 원수, 우리를 미워하는 자는 곧 사탄이요 죄의 권세입니다. 예수 그리스도는 여자의 후손으로 오셔서 옛 뱀의 머리를 부수시는 승리의 구원자이십니다(창세기 3:15).

마르틴 루터는 "내 주는 강한 성이요."라고 노래했습니다. 우리를 구원해 내실 힘과 능력이 있는 우리 주님 예수님을 찬양합니다. 또 우리가 하나님 나라 갈 때까지 우리를 성화의 길로 인도하시며 말씀으로 승리하게 하시는 주님을 찬송합니다. 할렐루야, 아멘!

구원의 목적

누가복음 1:72-75

하나님께서 우리를 구원하시는 목적이 무엇입니까? 사가랴는 75절에서 우리가 원수의 손에서 건지심을 받고 무엇을 해야 하는가를 분명하게 말씀합니다.

> "종신토록 주의 앞에서 성결과 의로 두려움이 없이 섬기게 하리라 하셨도다."

하나님은 우리의 삶 전체가 하나님을 섬기는 삶이 되기를 원하십니다. 로마서 12장 1절 말씀대로 우리의 몸과 마음을 다 드려 하나님을 예배하는 삶이 되기를 원하십니다.

I. 구약의 제사장 직무

구약에서는 아론과 사독의 후손들만 제사장이 될 수 있었습니다. 여자들은 제사장이 될 수 없었습니다. 30살부터 직무를 수행할 수 있었고 특별한 경우를 제외하고는 50살이 되면 직무를 반납하였습니다. 사가랴 시대에는 약 20,000여 명의 제사장이 있었고, 24반열로 나뉘어져 있었습니다. 지성소에는 대제사장만이 일 년에 한 번 속제제물과 함께 들어갈 수 있었습니다. 제사장의 직무는 특별하게 구별된 특별한 사람들만이 수행하는 엄숙하고 고귀한 직무였습니다.

II. 신약의 제사장 직무

예수님께서 십자가에 달리실 때 성소의 휘장이 갈라짐으로 모든 성도들이 이제 두려움없이 하나님께 나아가는 길이 열렸습니다. 그러므로 신약의 모든 성도들은 왕 같은 제사장으로서 하나님을 섬길 수 있습니다. 이것이 구원의 목적입니다. 모든 성도들은 이웃을 위해 기도할 수 있고, 복음을 전할 수 있고, 중보할 수 있습니다. 베드로전서, 요한계시록에서 성경은 우리를 왕이요, 제사장이라고 분명히 말씀합니다. 이런 의미에서 우리 모두는 우리가 어디에 있든지, 어떤 형편에 처해 있든지, 선교사의 직무를 감당해야 하고 또한 그 직무를 감당할 수 있습니다.

위로부터 우리에게 임하는 돋는 해

누가복음 1:76-80

요한은 지극히 높은 자의 선지자로, 주의 길을 예비하는 선구자로 사역하게 됩니다. 왕이 오실 길을 예비하고 죄 사함으로 말미암는 구원을 알게 할 것입니다. 이 모든 것이 하나님의 긍휼하심에 기인합니다. 그는 빈들에서 강인한 주의 종으로 성장하게 됩니다.

사가랴는 마지막으로 오실 메시아를 위로부터 우리에게 임하는 돋는 해로 묘사합니다. 그 해는 어둠과 죽음의 그늘에 앉은 자들에게 비치고 우리의 발을 평강의 길로 인도하게 됩니다. 이 말씀을 통해 사가랴는 우리 인간들의 현재 형편을 어둠과 죽음과 그늘에 앉은 자들이라고 묘사합니다. 우리는 음행과 더러운 것과 호색과 우상숭배와 주술과 원수 맺는 것과 분쟁과 시기와 분냄과 당 짓는 것과 분열함과 이단과 투기와 술 취함과 방탕함과 이와 같은 무수한 어두움의 일에 노출되어 있습니다(갈라디아서 5:20-21). 그 결과 우리는 죽음의 그늘에 앉아 있습니다. 누구도 이러한 상태로 하나님 나라를 유업으로 받을 수 없습니다. 우리는 죽음의 힘이 주는 절망과 고통 가운데 신음하고 있습니다. 그래서 평강의 길을 알지 못합니다. 점점 더 깊은 수렁으로 빠져 들어갈 뿐입니다.

그런데 하나님께서 이런 우리를 불쌍히 여기시고 위로부터 우리에게 임하는 돋는 해를 선물하십니다. '위로부터'는 하나님께로부터 오는 신적인 것을 상징합니다. "우리에게 임한다."는 표현은 매우 인격적으로 각 개인에게 찾아오시는 하나님의 긍휼을 잘 보여줍니다. "돋는 해"는 희망의 밝은 미래를 나타내 줍니다. 우리 하나님은 소망이 없는 개인과 사회, 국가에 희망이 되십니다. 130여 년 전 우리나라에 복음이 전파된 이후로 우리에게 전혀 다른 미래가 열렸습니다. 이 복음의 역동성을 찬송합니다. 복음이 전파되는 곳에 마른 뼈와 같던 사람들이 살아나고 하나님의 군대가 되어 세상을 밝히고 평화의 나라를 건설하게 됩니다. 이 돋는 해는 우리를 치유하는 광선이요 빛입니다. 이 치유의 광선이 인도와 미얀마에 비치고 카스트 제도의 운명에 앉은 자들을 일으켜 세우시기를 기도합니다. 아멘!

LU
KE
2
장

그때에
(Pax Romana)

누가복음 2:1-5

그때는 아우구스투스 황제가 로마를 다스리던 시대였습니다. '아우구스투스'라는 칭호는 칭찬과 존경, 더 나아가 경배 받으실 만한 분이라는 뜻인데 로마의 원로원이 시이저 황제에 이어 권력을 계승한 옥타비아누스에게 준 존칭입니다. 그는 로마의 초대 황제였습니다. 시이저가 암살을 당해 죽고 엄청난 권력 투쟁이 있은 후에 결국 옥타비아누스는 시이저의 양아들로서 권력을 손에 쥡니다. 그는 45년간 로마를 통치했는데 그가 다스리던 지역은 영국, 유럽, 소아시아, 시리아, 이집트 그리고 아프리카 북부 해안까지 이르는 광활한 땅이었습니다.

이 광활한 지역을 다스리기 위해 로마는 강력한 군대의 힘을 필요로 했습니다. '로마의 평화'(PAX ROMANA)라는 정치적 구호는 로마의 군사력에 눌린 민족들이 저항을 하지 않고 복종한 결과 나타난 현상이었습니다. 이러한 평화는 잠재적 평화입니다. 언제 어디서 어떤 저항이 일어날지 모르는 일시적인 현상입니다. 조금이라도 힘의 불균형이 일어나면 피의 전쟁이 일어나게 될 것입니다. 그러나 진정한 평화는 군사력으로 유지되지 않습니다. 군사력 경제력으로 유지되는 오늘의 팍스 아메리카나(PAX AMERICANA)도 마찬가지입니다. 겉으로는 다들 미국의 힘에 눌려 조용히 지내지만 중국, 러시아, 이란, 시리아, 북한이 그 세력에서 벗어나기 위해 호시탐탐 기회를 노리고 있습니다.

진정한 평화는 사랑에 의해 옵니다. 진리와 사랑, 십자가의 희생으로 인한 인격적인 감화에 의해 우리의 교만해진 마음을 회개하고 그리스도 앞에 우리의 무릎을 꿇고 "주는 그리스도시니이다."라고 고백할 때 평화의 나라는 임합니다. 그 나라는 사자가 소처럼 풀을 먹으며 암소와 곰이 함께 먹으며 어린아이와 독사가 함께 장난치며 노는 그런 나라입니다. 여호와를 아는 지식이 온 땅에 충만한 나라, 물이 바다를 덮음 같이 온 세상에 가득한 나라가 진정한 평화의 나라입니다. 팍스 로마나(Pax Romana)의 시대는 바로 이 그리스도의 시대, 진정한 평화의 왕의 시대를 기다리는 시대였습니다. 오 주여, 오시옵소서. 호산나 다윗의 후손 평강의 왕, 예수여, 다시 오시옵소서!

구유에 누인 아기 예수, 언약의 성취

누가복음 2:6-7

황제의 명령에 따라 요셉과 마리아는 베들레헴에 왔을 때 만삭이 된 마리아는 진통을 하기 시작했습니다. 해산할 곳을 찾아야만 했습니다.

I. 선지자 미가의 예언의 성취

겉으로 보기에는 온 세상을 로마의 황제 아우구스티누스가 다스리고 있었습니다. 그러나 실제로는 하나님께서 역사와 환경을 다스리십니다. 마리아와 요셉은 원래대로라면 나사렛에서 아이를 낳았어야 했습니다. 그러나 황제의 명령으로 인해 다윗의 동네 베들레헴으로 호적하러 가서 거기서 아이를 낳았습니다. 이는 선지자 미가의 예언을 이루기 위함이었습니다(미가 5:2). 여기서 우리는 하나님께서 역사의 주권자요, 통치자이심을 분명히 알 수 있습니다.

II. 구유에 누인 아기

로마의 황제는 용상에 앉아 있었습니다. 그러나 온 인류의 구세주 만왕의 왕 그리스도는 해산할 방을 얻지 못해 강보에 싸여 구유에 뉘어졌습니다. 이 현저한 대조를 통해 무엇을 배울 수 있습니까? 이 세상은 보이는 것, 높은 곳, 화려한 것을 추구합니다. 그러나 하나님은 낮고 천한 곳에서 힘 없고 연약한 모습으로 이 땅에 오셨습니다. 그러나 오늘 온 인류가 이 예수님 앞에 무릎을 꿇고, 주, 그리스도로 고백합니다. 이것이 하나님이 일하시는 방법입니다. 우리는 어떤 곳으로 가야 할까요? 어떤 것을 추구하고 살아야 할까요? 황제의 화려한 궁궐과 가축의 똥 냄새가 나는 구유를 늘 비교하며 살아야 합니다. 어디에 생명이 있는가를 묻고 생명과 진리가 있는 곳을 선택해야 합니다(찬송가 586장).

위로의 아들, 예수님

누가복음 2:4-7

예수님은 베들레헴에서 탄생하셨습니다. 베들레헴은 예루살렘에서 약 8km 정도 떨어져 있는 유다에 있는 조그만 마을입니다. 성경에서 베들레헴은 창세기 35장 19절에서 처음 언급됩니다. 거기에서 야곱의 아내 라헬이 그녀의 둘째 아들 베냐민(Benja-min)을 낳았고 거기서 죽었습니다.

I. 베냐민 – 오른손의 아들(축복의 아들)

야곱은 형 에서를 떠나 라반의 집에서 망명생활을 할 때 그의 일생의 사랑 라헬을 만납니다. 그는 라헬을 위해 무려 14년을 7일처럼 일했습니다. 드디어 그는 그의 아내 라헬을 얻습니다. 그러나 그들 사이에는 불행하게도 자녀가 많이 출생하지 않았습니다. 요셉이 유일한 아들이었는데 야곱이 가나안 땅에 돌아와 벧엘에서 하나님을 경배하고 다시 에브랏이란 곳으로 이동할 때에 라헬은 두 번째 아이를 낳게 됩니다. 그러나 그 해산이 몹시 어려워서 결국 라헬은 아이를 출산하다가 죽게 됩니다. 그래서 그녀는 그 아이를 베노니(슬픔의 아들)로 이름을 주려 하였습니다. 그러나 야곱은 반대로 그를 베냐민(축복의 아들)이라 하고 사랑하는 아내 라헬의 죽음 대신 얻은 축복의 아들로 이름 짓고 위로를 얻습니다. 베냐민의 출생은 야곱에게 큰 위로였습니다.

II. 위로의 아들, 예수님

우리의 주님 예수님은 태어나실 때 방이 없어 나귀의 구유에서 태어나셨습니다. 보통 아이들은 태어나기도 전에 그들의 침대가 준비됩니다. 그러나 우리 주님은 옷도 침대도 아무 것도 준비되지 않은 채 짐승들이 먹이를 먹는 구유에 뉘이셨습니다. 그는 거친 십자가에서 그의 생을 마치셨습니다. (물론 그는 부활하셔서 영원토록 사십니다) 그는 슬픔의 인생을 사셨습니다. 왜 그랬을까요? 이는 그가 우리 인생의 모든 슬픔을 담당하셨기 때문입니다. 우리들은 누구나 남모르는 슬픔을 가지고 있습니다. 그 상처 때문에 우리는 일생을 고통으로 지냅니다. 그러나 누구든지 이 예수님을 만나면 그의 슬픔이 변하여 춤이 되고 불행이 변하여 영원한 축복 속에 살게 됩니다. 누가는 이 예수님을 그의 복음서에서 근원부터 섬세하게 소개합니다. 누가복음을 통해 이 예수님을 알아가시는 축복이 넘치기를 기도합니다. 아멘!

'고엘'(Goel)이신 예수님

누가복음 2:4-7

예수님이 태어나신 베들레헴은 보아스의 고향입니다. 보아스도 역시 예수님의 그림자입니다.

어떤 의미에서 그러한가요?

I. 나오미는 모든 것을 잃어버렸습니다

나오미와 그녀의 남편은 주전 약 1100년 경에 베들레헴에서 살았습니다. 어떤 이유에서인지 그녀와 남편은 두 아들을 데리고 모압 땅으로 이주했습니다. 모압은 아브라함의 조카 롯의 딸들이 그들의 아버지 롯과 근친상간으로부터 시작된 족속입니다. 이런 저주의 땅으로 이주한 이유를 우리는 알 수 없지만 그 결과 나오미는 남편과 두 아들을 잃고 아무것도 없는 과부의 신세가 되었습니다. 그녀에게 남은 것은 충성스럽고 아름다운 며느리 룻 밖에 없었습니다. 그러나 그녀는 다시 약속의 땅 가나안으로 돌아가기로 결심합니다. 하나님이 약속하신 축복의 땅으로 돌아오는 이 한걸음이 그녀의 운명을 바꾸었습니다.

II. 나오미에게 고엘이 되어 준 보아스

고향에 돌아왔지만 이미 그녀의 경작지는 다른 사람에게 넘어가 있었습니다. 그녀는 생활고로 인해 며느리 룻으로 하여금 보아스의 밭에서 이삭을 줍고 땅에 떨어진 곡식을 줍게 합니다. 보아스는 룻의 형편을 듣고 스스로 고엘(속량자)이 되어 이미 다른 사람의 소유가 된 나오미의 경작지를 사서 그녀에게 돌려줍니다. 그리고 룻의 남편이 되어 그녀를 과부의 신세에서 속량하고 후에 다윗의 증조 할아버지가 됩니다. 이 보아스로 인해 나오미와 룻의 운명이 바뀝니다.

III. 우리의 고엘이 되신 예수님

우리 모두는 죄로 인해 하나님께로부터 온 모든 축복과 생명을 잃어버렸습니다. 그런데 예수님께서 우리를 자신의 피로 값을 치르고 사셔서 우리에게 속했던 하나님의 모든 축복을 돌려주셨습니다. 누구든지 이 예수님 안에 있으면 새로운 피조물이 되고 운명이 바뀌어 섭리의 인생을 살게 됩니다.

할렐루야. 아멘!

다윗과 같은 평화의 왕, 예수님

누가복음 2:4-7

다윗왕은 베들레헴에서 태어나고 자랐습니다. 그도 역시 예수님의 그림자였습니다.

I. 다윗의 도시, 베들레헴

다윗은 베들레헴의 들판과 언덕 위에서 자라났습니다. 그는 거기서 아버지 이새의 양을 치는 목동이었습니다. 목가적이고 평화로운 불멸의 시, 시편 23편은 그 베들레헴 들판을 배경으로 하고 있습니다. "여호와는 나의 목자시니 내게 부족함이 없으리로다. …" 거기서 그는 사무엘의 부름을 받고 이스라엘의 왕으로 기름부음을 받았습니다. 그 후로부터 많은 연단과 고난을 받고 드디어 이스라엘의 2대 왕이 됩니다. 그는 하나님을 사랑하고 그의 백성들을 사랑했습니다. 하나님은 이런 그에게 나의 마음에 합한 자라는 최대의 칭찬을 아끼지 않았습니다. 그는 이스라엘의 선한 목자였습니다. 그는 하나님을 위해서 집을 짓기를 원했지만 오히려 하나님께서 다윗의 집을 지어주겠다고 하셨습니다. 그리고 다윗의 후손 가운데 한 왕을 일으켜 그 나라가 무궁하리라고 약속해 주셨습니다(사무엘하 7:11-13).

II. 다윗의 후손, 예수님

예수님께서 바로 이스라엘 백성들이 기다리던 다윗의 후손, 메시아입니다. 그는 다윗과 같이 하나님을 사랑하고 그의 백성들을 사랑했습니다. 그는 백성들을 위해 자신의 목숨을 드리심으로 선한 목자가 되셨습니다. 그는 또 부활하심으로 영원한 왕이 되셨습니다. 그의 나라는 평화와 의와 기쁨의 나라입니다. 이 나라에서는 죄도 죽음도 사탄의 권세도 힘을 잃고 은혜와 생명이 왕성하게 되고 하나님이 영원히 다스리시게 됩니다. 누구든지 예수님을 그리스도로 마음으로 믿고 입으로 고백하면 이 나라에 들어오게 되고 이 영생의 축복을 지금부터 누리게 됩니다. 그리고 하나님을 섬기는 작은 왕과 제사장이 됩니다.

큰 기쁨의 좋은 소식

누가복음 2:8-20

베들레헴 지역에 목자들이 밖에서 자기 양 떼를 지키고 있었습니다. 아마도 그 양 떼들은 성전에 제사를 지낼 양 떼들이었을 것입니다. 그 목자들에게 주의 사자가 나타나 영광 가운데 소식을 전했습니다.

> "무서워하지 말라 보라 내가 온 백성에게 미칠 큰 기쁨의 좋은 소식을 너희에게 전하노라 오늘 다윗의 동네에 너희를 위하여 구주가 나셨으니 곧 그리스도 주시니라."

어떤 점에서 이 소식이 온 백성에게 미칠 큰 기쁨의 좋은 소식일까요?

I. 구주이신 예수님

'구주'라고 번역된 독일어 단어는 'Heiland'입니다. 이 단어의 뜻은 '치료자'라는 뜻입니다. 예수님은 우리를 죄와 죽음의 병에서 치료하시는 의사이십니다. 육신의 병도 그의 뜻이면 치료하십니다. 그의 사랑과 위로는 모든 마음의 병을 치료하는 능력이 있습니다. 그의 거룩하신 삶과 십자가와 부활을 통해 모든 백성을 죄와 죽음에서 건지시고 하나님 나라의 영원한 생명을 주십니다.

II. 주요 그리스도이신 예수님

주의 사자가 사용한 '주'라는 단어는 헬라어로 'Kyrios'인데 그 당시에는 로마의 황제들에게만 적용되는 단어였습니다. 그 당시 로마 황제의 탄생은 온 천하에 알려질 좋은 소식이었습니다.

그런데 그보다도 더 좋은 소식은 모든 만물의 주인이시요 왕이신 그리스도의 탄생입니다. '그리스도'라는 단어는 '기름부음을 받은 자', 즉 '메시아'라는 뜻입니다. 다른 말로 하면 '왕'이란 뜻입니다. 예수님은 어떤 왕이십니까? 강보에 싸여 구유에 누이신 한 아기의 모습으로 오신 주님과 로마의 화려한 궁궐에 앉아 천하를 호령하는 아우구스투스와 비교하면 우리는 예수님이 어떤 왕이신지 알 수 있습니다.

오늘 로마와 그 황제들은 우리가 알 수 없지만 예수님과 그의 교회는 온 세계에서 아름다운 복된 소식을 증거하고 있습니다. 우리는 어떤 왕을 모시고 살아야 할까요?

아기 예수님의 할례와 정결예식

누가복음 2:21–24

그 당시 아이는 태어난 지 8일 만에 할례를 받아야 했습니다. 할례와 동시에 이름을 받게 됩니다. 요셉과 마리아는 이 아이에게 예수라는 이름을 주었습니다. 이 할례를 통해 이 아이는 이제 언약의 백성으로 받아들여지게 되었습니다.

I. 할례

아이가 할례를 받는 날은 으레 축제가 열립니다. 언약의 백성으로 받아들여지는 날, 모든 친척들과 친지들이 모여 축하하는 전통이 있었습니다. 오늘 우리도 입교식을 거행할 때 많은 친척, 친지들이 모여 기뻐하고 축하하는 것과 같습니다. 그런데 예수님은 나사렛을 떠나 타지에서 할례를 받아야 했습니다. 아무도 그를 아는 사람도 없었고 축하해 주는 사람도 없었습니다. 이렇게 외롭고 가난하게 할례를 받은 사람은 아마도 별로 없었을 것입니다. 예수님의 생애는 요람에서 무덤까지 구유에서 십자가로 이어지는 고난과 슬픔의 삶이었습니다. 이렇게 사신 이유는 우리 인생들을 죽을 운명과 슬픔에서 구원하시기 위함이었습니다. 예수님은 전적으로 자신을 위한 것이 아니고 우리를 위한 메시아의 생애를 사셨습니다.

II. 정결예식

레위기의 율법에 의하면 여인이 아기를 출산하면 40일 동안 부정합니다. 40일 후에야 부정의 기간이 끝나고 성전에 올라갈 수 있었습니다. 예수님의 모친도 이 기간이 끝나고 장자를 하나님께 드리는 정결예식을 할 수 있게 되었습니다. 그들은 비둘기로 하나님께 제사를 드렸습니다. 보통은 양으로 제사를 드립니다. 그러나 가난한 사람들은 비둘기로 드릴 수 있었는데 아마도 예수님의 부모님들은 넉넉하지 못한 살림을 살았던 것 같습니다. 예수님은 죄와 허물로 하나님께 나아갈 수 없는 자들의 비둘기 같은 희생제물이 되셨습니다. 예수님은 죄가 없으신 완전하신 분이시지만 율법의 요구를 다 지키셨습니다. 이는 율법에 속한 유대인들을 구원하시고자 하는 하나님의 사랑이었습니다.

기다리는 자 (I)

누가복음 2:25-26

예루살렘에 시므온이라 하는 사람이 있었습니다. 그는 제사장도 아니었고 서기관도 아니었습니다. 사람들에게는 그는 별로 알려지지 않은 인물이었습니다. 그러나 하나님께는 아주 중요한 사람이었습니다. 어두운 시대에 등불의 역할을 하는 주의 종이었습니다.

I. 그는 의롭고 경건하였습니다

시대는 어두웠습니다. 그 이유는 백성들의 지도자들이 타락했기 때문입니다. 그들은 세상을 사랑하고 세상적으로 살았습니다. 권력을 사모하고 돈을 사랑했습니다.

이런 시대에 시므온은 의롭게 경건하게 살았습니다. '경건하다'는 말은 '하나님과 함께하나님 앞에 살았다는 것'을 뜻합니다. 그는 세상의 흐름을 거슬러서 하나님의 뜻에 순종하는 삶을 살았습니다.

II. 그는 이스라엘의 위로를 기다렸습니다

여기서 이스라엘의 위로는 메시아를 의미합니다. 모두가 이 세상에 소망을 두고 살았지만 시므온은 하나님이 보내실 메시아에 소망을 두고 그를 기다렸습니다. 그는 이스라엘이 하나님을 떠나 죄 아래에 살기 때문에 비참하다는 것을 알았습니다. 죄 아래 사는 백성에게는 로마로부터의 정치적인 자유도 물질적인 부도 진정한 위로가 될 수 없다는 사실을 그는 알았습니다. 그는 기도했습니다.

> "주여, 내가 사는 동안 메시아를 볼 수 있게 해 주십시오. 주여 저와 저희 백성을 불쌍히 여기소서!"

시므온의 인생은 기다리는 인생이었습니다. 메시아를 기다리며 소망 가운데 살았습니다. 하나님께 소망을 두고 살아가는 백성들을 하나님은 결코 버리지 않습니다. 하나님은 그 소망대로 그에게 메시아를 보고 만나는 복을 주셨습니다.

오늘 우리도 다시 오실 예수님을 기다립니다. 이 예수님이 진정한 위로요 소망입니다. 당신은 무엇을, 누구를 기다리십니까?

내 눈이 주의 구원을 보았사오니

누가복음 2:27-35

예수님의 부모님께서 아이를 성전으로 데리고 들어올 때에 시므온도 성령의 감동으로 성전에 들어갔습니다. 시므온은 금방 그 아기가 자신이 그토록 기다려 오던 메시아임을 알아 보았습니다. 그는 그 아기를 안고 하나님을 찬송했습니다

I. 이방의 빛, 이스라엘의 영광

시므온은 성령의 감동으로 예언했습니다. 이 아기 예수님이 주의 구원임을 선포했습니다. 만민을 위해 창세 전에 예비하신 메시아이시며 이방을 비추는 빛이시며 주의 백성 이스라엘의 영광이라고 선포했습니다. 하나님은 자신의 구원 역사를 항상 여호와의 종, 메시아를 통해 이루시는데 그 메시아는 창세기 3장 15절에서부터 예언된 여자의 후손, 주의 종이었습니다. 시므온은 더 나아가 그가 이방의 빛이 될 것이라고 말합니다. 물론 그런 말씀들이 구약의 곳곳에 예언되어 있지만 이방인을 개 취급하던 그 당시에는 상상할 수 없는 말씀이었습니다. 그는 그런 전통에 매이지 않고 성경에 기초한 믿음을 가지고 있었습니다. 그는 또 아기 예수가 이스라엘의 영광이라고 말했습니다. 로마의 황제에 비해 한없이 초라한 이

아기 예수를 두고 이스라엘의 영광을 노래한 시므온에게 우리는 십자가를 믿는 자에게 구원을 주시는 하나님의 능력이라 노래한 사도 바울의 믿음을 봅니다.

II. 비방을 받는 표적

시므온은 예수님의 모친 마리아에게 가슴에 칼을 찌르는 아픔을 이 아이를 통해 받게 될 것을 예언합니다. 이는 예수님께서 십자가에서 당하실 고난을 미리 보시고 말씀한 것이었습니다. 이 십자가는 사람들을 흥하게 하거나 비방을 받는 표적이 됩니다. 누구든지 이 십자가 안에 있는 능력을 받아들이면 구원을 얻습니다. 그러나 이 십자가를 받아들이지 않으면 멸망을 당합니다. 이 십자가는 우리 운명의 갈림길입니다. 당신에게 예수님의 십자가는 무엇인가요?

기다리는 자 (II)

누가복음 2:36-38

아셀 지파 바누엘의 딸 안나라 하는 선지자가 있었습니다. 그녀 역시 메시아를 기다리는 소망의 사람이었습니다.

I. 그녀는 운명을 극복했습니다

안나는 결혼한 지 7년 만에 남편과 사별했습니다. 그녀 역시 남편과 오래오래 행복한 가정을 이루고 아이를 낳고 하나님의 복을 누리며 살기를 원했습니다. 그러나 그는 결혼한 지 7년 만에 자식이 없는 과부가 되어 어디에도 의지할 수 없는 비참한 신세가 되었습니다. 그러나 그녀는 이런 운명을 믿음과 하나님께 대한 사랑으로 극복했습니다. 하나님을 사랑하는 자에게는 모든 것이 합력하여 선을 이룬다고 로마서 8장 28절은 말씀합니다. 이 선하신 하나님께 대한 절대적인 믿음으로 그녀는 금식과 기도로 그녀의 모든 삶을 하나님께 바쳤습니다.

II. 그녀는 이스라엘의 속량을 바라보고 말했습니다

그녀는 84세가 될 때까지 성전을 떠나지 않고 기도와 금식으로 하나님을 섬겼습니다. 그렇게 성전에서 하나님을 섬길 때 그녀는 성전으로 오시는 예수님과 예수님의 부모님을 만났습니다. 그리고 그 아이가 바로 자신이 바라고 기다리던 메시아임을 알아보았습니다. 그녀는 이 아기가 장차 자신의 생명을 드려 이스라엘을 속량할 하나님의 종임을 선포했습니다.

하나님은 기도하고 전심으로 자기를 찾는 자를 만나주시고 그들의 기도에 응답하십니다. 오늘도 하나님은 이런 자들을 찾으십니다. 기다리는 자, 이 세상에 소망을 두지 않고 하나님의 구원에 소망을 두는 자들을 찾으십니다. 다시 오실 예수 그리스도를 기다리는 모든 자들을 실망시키지 않고 반드시 산 자와 죽은 자들을 심판하시기 위해 하나님의 때에 오실 것입니다. 어쩌면 우리가 아직 살아있을 때에 오실 수도 있습니다.

오 주여, 오시옵소서!

지혜와 키가 자라가며

누가복음 2:39-47

예수님은 자신의 전 삶을 통해서 우리에게 모범을 보이셨습니다. 그의 어린 시절을 통해서도 그는 우리가 어떻게 성장해야 하는지 보여주십니다.

I. 키가 자랐습니다

우리 인간은 육체를 지닌 존재입니다. 따라서 건강이 정말 중요합니다. 건강을 잃으면 사실 무언가 하고 싶어도 잘할 수가 없습니다. 건강에는 음식과 운동이 중요한 요소입니다. 아마도 예수님의 집이 그렇게 넉넉한 집이 아니었지만 그는 음식을 가려먹지 않고 30세에 공생애를 시작하시기 전까지는 아버지 요셉을 도와 열심히 목수 일을 배웠을 것입니다. 후에 그는 남자만 5,000명이 있던 들판에서 마이크도 없이 하루 종일 설교할 수 있을 만큼 건강했고 목소리도 크고 웅장했습니다.

II. 지혜가 자랐습니다

지혜의 근본은 여호와를 경외하는 것입니다. 예수님은 성경을 즐겨 읽고 부모님과 선배들에게 배우는 겸손을 가지고 있었습니다. 41-47절에 보면 그는 성전에서 선생들 중에 앉아 듣기도 하며 묻기도 하였다고 기록되어 있습니다. 듣고 묻는 것이 지혜가 자라는 길입니다. 그렇게 그는 하나님과 사람에게 더욱 사랑스럽게 성장하셨습니다. 하나님 앞에서뿐 아니라 사람들로부터 칭찬과 사랑을 받으셨습니다. 이는 그가 전인격적으로 바르게 성장하였다는 것을 잘 보여줍니다. 우리가 건강한 사역자가 되기 위해서 이런 모든 면에서 바르게 성장해야 함을 예수님은 자신의 삶을 통해서 보여주고 계십니다.

온전한 인격으로 성장해 가신 예수님

누가복음 2:48-52

성경에는 예수님의 어린 시절에 대한 이야기가 많이 나오지 않기 때문에 사실 우리는 매우 궁금해 합니다. 오늘 본문 누가복음 2장 40-52절까지가 유일한 예수님의 어린 시절에 관한 기록입니다. 우리는 이 기록에서 우리의 신앙생활에 유익한 맥락(콘텍스트)을 찾아내야 합니다.

정체성의 성장과 확신

예수님께서 12살이 되었을 때 성전에 절기의 관례를 따라 올라가셨습니다. 모든 관례의 절차를 마치고 나사렛으로 돌아가려고 했습니다. 마리아와 요셉은 당연히 자신들의 일행 속에 예수님께서 계신 줄 알고 가다가 보니 예수님께서 없는 줄을 알고 다시 성전에 와 보았습니다. 그때 예수님께서는 성전에 있는 선생들과 함께 앉아 듣기도 하고 묻기도 하셨습니다. 다시 말하면 대화와 토론을 하셨다는 이야기입니다. 예수님의 부모들은 놀라서 예수를 나무랬습니다.

> "아이야 어찌하여 이렇게 하였느냐 보라 네 아버지와 내가 근심하여 너를 찾았노라."

예수님께서는 대답하셨습니다.

> "어찌하여 나를 찾으셨나이까 내가 내 아버지 집에 있어야 될 줄을 알지 못하셨나이까."

마리아와 요셉은 이 말씀을 이해하지 못했습니다. 그러나 이 말씀을 마음 속에 간직하고 있었습니다. 그리고 생각했습니다, 후에 에베소에서 이 복음서의 저자 누가와 함께 있을 때 이 이야기를 들려 주었을 것입니다.

예수님의 생각 속에 이미 자신의 정체성이 자라고 있었습니다. 아버지의 집이 반드시 성전을 의미하는 것은 아닙니다. 후에 예수님께서는 하나님의 뜻을 따라 행하는 사람이 자신의 진정한 가족이라 말씀하셨고 하나님의 일을 하는 것이 자신의 기쁨이요 음식이라고 말씀하셨습니다. 이러한 영적인 자각과 깨달음이 어린 시절부터 자라고 있었습니다. 그러나 그렇다고 해서 예수님께서 모든 육신의 관계를 끊어 버리신 것이 아닙니다. 오히려 정반대였습니다. 그는 육신의 부모님께 순종하고 모든 이웃 친척들과의 관계를 존중했습니다. 모든 사람의 사랑을 받는 온전한 인격으로 성장해 가셨습니다.

하나님의 종들은 이웃들에게도 선한 증거를 받는 사람이어야 합니다. 그것이 집사와 장로의 자격입니다. 예수님도 그러했습니다. 주여 저희를 하나님의 사람으로 빚어주소서! 아멘!

LU
KE
3
장

하나님의 말씀이 사가랴의 아들 요한에게 임했습니다

누가복음 3:1-2

하나님의 말씀이 요한에게 임했습니다. 하나님의 새 시대가 열렸습니다. 선지자 말라기에게 하나님의 말씀이 임한 후에 약 400년이 지나갔습니다. 말씀이 없는 시대는 암흑의 시대입니다.

I. 어두운 정치적인 시대

디베료 황제는 아우구스투스를 이은 로마의 두 번째 황제였습니다. 헤롯 대왕은 BC 4년에 죽었고 그 권력을 그의 세 아들들이 나누어서 가지고 있었습니다. 헤롯 안티바스는 북쪽 갈릴리 지방, 헤롯 필립은 이두래와 드라고닛 지방, 헤롯 아르켈라우스는 유대, 사마리아, 이두매 지방을 다스렸습니다. 헤롯 아르켈라우스는 아주 나쁜 왕이었는데 그는 결국 AD 6년에 로마에 의해 추방되고 유대 지방은 로마의 직할 관활에 들어가게 됩니다. 본디오 빌라도가 유대 총독이었습니다. 헤롯 안티파스는 그의 동생 빌립의 아내를 빼앗아 취하였습니다. 이런 악들을 하나님의 백성의 왕들이 행하고 있었습니다.

II. 메마른 영적인 시대

대제사장의 직무는 아론의 시대부터 그의 자손들에 의해 이어져 왔습니다. 그런데 세례 요한의 시대에는 로마의 권력과 결탁한 정치 세력이 되었습니다. 가야바가 그 당시 대제사장이었는데 실제로는 그의 장인 안나스가 그 권력을 행사했습니다. 결국 영적인 직무도 돈과 권력에 의해 휘둘리는 그런 어두운 시대였습니다.

III. 하나님의 새 시대

하나님의 말씀이 임하면 새 시대가 열립니다. 말씀이 모세에게 임했을 때 출애굽의 역사가 일어났습니다. 하나님의 말씀이 사무엘에게 임했을 때 다윗의 시대가 열렸습니다. 하나님의 말씀이 말라기 선지자 이후 없었다가 이제 400년 후에 요한에게 임했고 이렇게 메시아의 시대가 시작되었습니다. 우리에게 말씀을 주신 주님을 찬송합니다. 아멘!

회개를 촉구하는 세례 요한의 메시지

누가복음 3:3-6

빈들에 있는 세례 요한에게 하나님의 말씀이 임했습니다. 그 임한 말씀을 세례 요한은 광야의 외치는 자의 소리로 백성들에게 전달했습니다. 한마디로 회개의 세례를 전파하였다고 누가는 기록하고 있습니다.

I. 회개는 무엇인가?

그 당시 하나님의 백성들은 로마의 학정과 종교 지도자들의 타락과 부패로 힘든 시절을 보냈습니다. 그러나 하나님이 주신 말씀은 그것 때문에 하나님의 백성들이 비참한 것이 아니라 그들의 죄 때문에 고난을 당한다고 말씀하시면서 회개를 촉구했습니다. 회개란 하나님께로 돌아오는 것을 말합니다. 회개를 뜻하는 '메타노니아'라는 헬라어 단어는 '방향을 돌이켜 전환한다.'는 뜻이 있습니다. 세상으로 향했던 나의 마음을 돌이켜 하나님께로 돌아가는 것이 회개입니다.

II. 너희는 주의 길을 준비하라

우리가 회개하고 하나님께로 돌아가기 위해서는 우리의 마음이 준비되어야 합니다. 우리의 골짜기와 같이 낮아진 마음이 하나님으로 인해 소망을 찾고 힘을 얻어 메워져야 합니다. 또 산과 같이 높아진 마음이 겸손하게 되어야 합니다. 굽은 마음, 삐딱한 마음들이 하나님의 진리로 바르게, 평탄하게 되어야 합니다. 그래서 하나님이 우리에게 주시는 구원을 볼 수 있게 되어야 합니다. 예수님께서 우리의 왕이시요 구주이심을 받아들일 마음의 준비가 되어야 합니다.

이제 다시 오실 주님을 맞을 준비도 같습니다. 심판의 주로 오실 주님 앞에 겸비한 마음으로 준비해야 합니다. 그분이 우리의 왕이심을 인정하고 그분의 뜻대로 살아야겠습니다.

잘못된
구원의 확신

누가복음 3:7–9

세례 요한이 회개의 세례를 전파하자 많은 사람들이 세례를 받기 위해 요단 강으로 나아왔습니다. 이를 통해 우리는 진정 그들을 괴롭히고 있던 것이 무엇이었는가를 알 수 있습니다. 진정 그들의 문제는 죄 문제였고 그들이 진정으로 필요한 것은 죄 사함이었습니다.

독사의 자식들아

왜 갑자기 이런 험한 말을 하는 것일까요? 어떤 면에서 그들이 독사의 자식이라고 불릴 만큼 잘못된 것일까요? 물론 세례를 받으러 나오는 무리들 가운데는 대다수가 진정으로 자신의 죄를 뉘우치고 하나님께로 돌이키기 위해 오는 이들이었을 것입니다. 그런데 그중에는 자신들은 이미 구원을 받은 하나님의 백성이라는 자만감이 있는 사람들도 있었습니다. 요한은 바로 이 사람들에게 "독사의 자식"이라고 독설을 퍼부었습니다. 그들은 자신들이 할례 받은 아브라함의 혈통이기 때문에 장차 올 진노의 심판을 피할 수 있으리라 생각했습니다. 그런데 요한은 하나님께서 돌들로도 아브라함의 자손을 만들 수 있다고 하시면서 그들의 잘못된 구원의 확신을 질타했습니다.

종교적인 행위가 우리를 구원할 수 없습니다. 혈통이 우리를 구원할 수 없습니다. 종교적인 체험이 우리를 구원할 수 없습니다. 만약에 우리가 하나님 앞에서 종교적이고 외향적이고 형식적인 삶만을 추구한다면 우리도 '독사의 자식'이 될 수 밖에 없습니다.

그러면 어떻게 해야 합니까? 진정한 마음으로부터의 회개하고 그 회개에 합당한 열매를 맺어야 합니다. 이미 심판의 도끼가 나무 뿌리에 놓였습니다. 좋은 열매를 맺지 아니하는 나무마다 찍혀 불에 던져질 것입니다. 하나님의 심판이 임박했습니다. 그리스도의 재림이 임박했습니다. 우리가 크리스천이라고 불리며 명목상 교회에 속한 사람이라고 해서 무조건 구원을 받을 수 없습니다. 잘못된 구원의 확신은 우리의 영혼에 독과 같은 것입니다. 두렵고 떨림으로 우리의 구원을 이루어가면서 늘 회개하고 자신을 돌아보는 삶을 살아야 합니다(빌립보서 2:12). 아멘!

회개에 합당한 열매

누가복음 3:10–14

"독사의 자식들"이라고 독설을 퍼부은 세례 요한을 향한 백성들의 반응이 무엇이었습니까? 놀랍게도 그들은 반발하거나 저항하지 않고 오히려 "그러면 우리는 무엇을 하리이까?" 하고 물어왔습니다. 이를 통해 진정으로 그들이 원하는 것은 죄로부터의 해방, 회개라는 것을 알 수 있습니다. 회개는 아픈 것이지만 회개한 자는 진정한 자유와 기쁨을 누리게 됩니다.

I. 이웃 사랑

세례 요한은 자신에게 무엇을 해야 하는지 물어오는 백성들에게 다음과 같이 대답했습니다.

> "옷 두 벌 있는 자는 옷 없는 자에게 나누어 줄 것이요 먹을 것이 있는 자도 그렇게 할 것이니라."

회개란 하나님께로 자신의 마음을 돌이키는 것인데 여기서 요한은 우리가 하나님을 사랑하고 그에게 영광을 돌린다는 것은, 즉 이웃을 내 몸과 같이 사랑한다는 것과 같다고 말합니다. 하나님을 사랑하면서 이웃을 사랑하지 않을 수 없습니다. 누군가 그렇게 말한다면 그는 거짓말을 하고 있는 것입니다. 내게 있는 것을 그것이 없는 이웃과 나누는 것은 선택사항이 아니라 필수입니다.

II. 정직한 직장 생활

이렇게 질문을 하는 무리들 중에는 세리도 있고 군인들도 있었습니다. 그들도 요한에게 물었습니다.

> "선생이여 우리는 무엇을 하리이까?"

요한은 이들에게 지극히 정상적인 대답을 합니다.

> "세리에게는 부과된 것 외에는 거두지 말라 군인들에게는 사람에게서 강탈하지 말며 거짓으로 고발하지 말고 받는 급료를 족한 줄로 알라."

요한은 그들에게 무슨 특별한 것을 요구하지 않고 그들의 직장에서 그들의 정당한 권한을 사용하고 자신이 속한 사회를 섬기도록 도왔습니다.

검사는 검사답게, 교사는 교사답게, 의사는 의사답게, 공무원은 공무원답게, 국회의원은 국회의원답게, 언론인은 언론인답게, 사업가는 사업가답게, 노동자는 노동자답게 살아간다면 우리 사회는 아름다운 공동체가 될 것입니다.

두 가지 세례와 두 가지 불

누가복음 3:15-20

백성들은 메시아를 바라고 기다렸습니다. 그래서 마음속으로 혹시 세례 요한이 메시아가 아닌가 생각하는 사람들도 있었습니다. 이런 백성들에게 요한은 자신은 감추고 곧 오실 메시아를 소개합니다.

I. 성령과 불의 세례

요한은 회개하는 자에게 물로 세례를 베풀었습니다. 이것이 귀한 사역이기는 하지만 근본적으로 사람을 변화시킬 수는 없습니다. 그러나 예수님은 성령과 불로 세례를 베푸십니다. 성령으로 우리를 거듭나게 하시고 우리의 죄를 불로 태우시고 우리의 마음 속에 하나님을 사랑하는 마음을 불붙게 하십니다. 이것이 근본적으로 사람들을 변화시키는 능력의 세례입니다. 이 예수님 앞에 요한은 겸손하게 그의 길을 예비하는 선구자의 역할을 감당했습니다. 그는 그의 신들메를 풀기도 감당하지 못하겠다는 겸손한 마음으로 종의 자세를 가진 선지자였습니다.

II. 심판의 불과 구원의 불

주님께서 오시면 곡식을 타작하십니다. 알곡은 곳간에 들이고 쭉정이는 꺼지지 않는 불로 태우십니다. 그러나 성령과 불로 세례를 받은 자는 알곡이 되어 하나님의 곳간에 들이게 됩니다. 그러므로 우리는 심판의 불을 받기 전에 성령의 불로 세례를 받아 거듭나 하나님의 자녀가 되어야 합니다. 하나님 나라에 유익하게 쓰임받는 일꾼이 되어야 합니다.

III. 좋은 소식

요한은 여러 가지로 권하여 백성에게 좋은 소식을 전하였습니다. 좋은 소식이란, 복된 소식 곧 구원의 복음을 의미합니다. 그러나 악한 왕 헤롯에게는 이 복음이 좋은 소식으로 들리지 않고 끔찍한 심판의 메시지로 들렸습니다. 그래서 그는 요한을 옥에 가두었습니다. 결국 요한은 이 헤롯에 의하여 목숨을 잃게 됩니다. 십자가의 도는 멸망하는 자에게는 미련한 것이요 구원을 얻는 우리에게는 하나님의 지혜요 능력입니다. 아멘!

예수님은 하나님의 아들이요 인자이십니다

누가복음 3:21-38

백성들이 다 세례를 받을새 예수도 세례를 받으셨습니다. 예수님의 세례는 어떤 의미를 가지고 있을까요?

I. 하나님의 아들이신 예수님

예수님께서 요한에게 세례를 받으실 때에 세 가지 일이 일어났습니다. 첫째, 하늘이 열리고 둘째, 성령이 비둘기같이 예수님 위에 강림하셨습니다. 셋째로 하늘에서 소리가 났는데 직접 하나님께서 말씀해 주셨습니다.

"너는 내 사랑하는 아들이라 내가 너를 기뻐하노라."

성부 성자 성령께서 함께 나타나시고 그 뜻을 나타내셨습니다. 세례를 통해 자신을 우리 죄인들과 함께하시고 우리들의 형제가 되셨습니다(히브리서 2:17). 그것을 기뻐하신 하나님께서 친히 너는 내 아들이라 말씀해 주시고 정체성을 확인시켜 주셨습니다. 성령께서 예수님의 공생애에 필요한 능력과 성품을 주시며 늘 함께하시겠다고 선언하셨습니다. 비둘기는 가난한 자들의 속죄제물을 가르칩니다. 하늘이 열려 언제나 하늘과 소통할 수 있는 시대가 되었습니다.

II. 여자의 후손이신 예수님

예수님께서 공적으로 가르치심을 시작하실 때에 삼십 세쯤 되었습니다. 그는 30년 동안 3년 반 정도 되는 메시아 사역을 준비하셨습니다. 그러나 그는 사람들이 아는 대로는 목수 요셉의 아들이었습니다. 이 복음서의 저자 누가는 예수님의 족보를 거슬러 올라가 아담, 더 나아가 하나님께 이릅니다. 누가의 관점은 예수님께서 온 인류의 대표 아담의 후손 둘째 아담으로 오셨다는 것을 강조하고 싶었습니다. 마태는 아브라함과 다윗의 자손으로 오신 유대인의 왕이신 그리스도를 강조한 반면 누가는 여자의 후손으로 사탄의 머리를 부수실 메시아로 강조했습니다(창세기 3:15). 그래서 그는 마리아의 족보를 거슬러 올라갔습니다.

L U

K E

광야에서의 시험

누가복음 4:1-3

첫째 사람 아담은 마귀의 시험을 받아 실패했습니다. 그래서 그 결과 이 세상에 죄와 죽음, 심판이 왔습니다. 그러나 둘째 아담이신 예수님은 이 마귀의 시험을 이기시고 세상에 하나님 나라, 즉 용서와 생명과 구원을 가지고 오십니다.

I. 성령에 이끌리신 예수님

광야는 수많은 모래와 돌들로 가득 차 있고 물이 없어 생명이 존재할 수 없는 곳입니다. 낮에는 용광로와 같은 더위가 있고 밤에는 추위가 있는 곳입니다. 당연히 먹을 것이 없어 예수님은 40일 동안 아무것도 잡수시지 못했습니다. 그분의 육체 상태는 기진맥진하였습니다. 그런데 복음서의 기자 누가는 예수님께서 성령에 이끌리심을 받았다고 기록하고 있습니다. 따라서 우리는 이 광야에서의 시험은 예수님께서 반드시 통과해야 할 하나님의 뜻이라고 이해할 수 있습니다. 온 인류의 대표로서 마귀의 시험을 이기시고 첫째 사람 아담의 실패를 만회할 필요가 있었습니다. 우리의 신앙생활에도 반드시 시험의 때가 있습니다. 이를 극복하는 것이 우리의 신앙생활의 성패를 좌우합니다. 그러기 위해서는 우리는 언제나 성령이 충만하여 성령의 이끌리심을 받아야 합니다.

II. 이 돌들에게 명하여 떡이 되게 하라

> "네가 만일 하나님의 아들이어든 이 돌들에게 명하여 떡이 되게 하라."

사탄의 이 시험에는 두 가지 함정이 있습니다. "만일 하나님의 아들이어든" 마귀는 세례를 받으실 때에 하나님께서 직접 확인해 주신 예수님의 정체성에 의문을 제시합니다.

> "너는 내 사랑하는 아들이라 내가 너를 기뻐하노라."

또 인간의 문제를 사회적, 정치적, 경제적인 문제로 진단합니다. 칼 막스에 의해 주창된 공산주의가 바로 그런 사탄의 시험입니다. 그는 이 세상에서 떡 문제가 해결되면 유토피아가 될 것이라고 보았습니다. 오늘의 맘몬주의도 마찬가지입니다. 우리는 언제나 우리가 사랑받는 하나님의 자녀임을 명심해야 합니다. 우리가 그의 아들이요, 딸이기 때문에 하나님께서 우리의 삶을 책임져 주실 것을 믿어야 합니다. 또 우리의 문제가 죄의 문제, 영적인 문제, 바로 하나님과의 관계에 있다는 사실을 알아야 합니다.

사람이 떡으로만 살 것이 아니라

누가복음 4:4

"네가 만일 하나님의 아들이어든 이 돌들에게 명하여 떡이 되게 하라." 하는 사탄의 유혹에 예수님의 대답이 무엇입니까? 예수님은 신명기 8장 3절 말씀으로 이 유혹을 물리치셨습니다.

"기록된 바 사람이 떡으로만 살 것이 아니라 하셨느니라."

I. 예수님은 사람이 어떤 존재인가를 말씀하셨습니다

하나님께서 인간을 창조하실 때 흙으로 그를 빚으셨습니다. 그래서 사람은 음식을 먹고 살도록 창조되었습니다. 그와 동시에 그를 하나님의 형상으로 창조하시고 그의 코에 하나님의 호흡을 불어넣으심으로 영적인 존재로 만드셨습니다. 그래서 인간은 하나님의 말씀으로 살아야 합니다. 하나님은 인간이 한계를 가진 의존적인 존재로 만드셨고 동시에 존엄한 가치를 지닌 다스리는 존재로 빚으셨습니다. 육체와 영을 가진 존재로 만드셨습니다. 어느 것 하나라도 무시하게 되면 우리는 사람이 아닙니다.

II. 예수님은 말씀으로 승리하셨습니다

이스라엘 백성들이 출애굽 후에 40년간 광야에서 하늘에서 내려오는 만나를 먹었습니다. 이 훈련을 통해 그들은 사람이 떡으로만 사는 것이 아니라는 진리를 깨달아야 했습니다. 그 떡마저도 실은 하나님께서 주신다는 진리를 배워야 했습니다. 모세는 그의 고별 설교인 신명기에서 분명하게 사람은 떡으로만 사는 것이 아니라 하나님의 입에서 나오는 모든 말씀으로 살아야 한다는 진리를 설파했습니다. 예수님은 이 진리를 말씀을 통해서 알고 있었고 그 말씀으로 사탄의 유혹을 물리치셨습니다. 무엇이 우리를 강하게 합니까? 하나님의 은혜와 말씀이 우리를 강한 그리스도의 군사로 만들어줍니다. 영적인 전쟁에서의 승리는 우리가 얼마나 말씀으로 무장되어 있는가에 달려 있습니다. 날마다 말씀을 묵상하고 하루를 기도로 시작함으로 승리하는 삶을 살 수 있습니다. 아멘!

주 너의 하나님을 경배하라

누가복음 4:5-8

마귀가 또 예수를 이끌고 올라가서 순식간에 천하 만국을 보여주었습니다. 그 화려했던 로마 제국을 보여주었을 것입니다. 중국 한나라의 아방궁과 만리장성도 보여주었고 인도와 이집트도 보여주었습니다. 화려한 왕궁과 아름다운 여인들도 보여주었습니다.

I. 이 모든 권위와 그 영광을 네게 주리라

예수님께서 유혹자 사탄에게 잠시 절한다면 이 모든 영광과 권위를, 즉 이 세상에 대한 통치권을 받을 수 있다고 사탄은 유혹합니다. 이 시험은 명예욕, 권력욕에 대한 시험입니다. "이는 세상에 있는 모든 것이 육신의 정욕과 안목의 정욕과 이생의 자랑이니 다 아버지께로부터 온 것이 아니요 세상으로부터 온 것이라"(요한일서 2:16). 이 세상의 모든 사람들, 특히 모든 남자들은 이 유혹에 노출되어 있습니다. 남을 지배하고자 하는 욕망, 즉 하나님과 같이 되고자 하는 욕망입니다. 이 욕망은 너무 강해서 시기하고 경쟁하는 사람들의 뼈를 썩게 합니다.

II. 주 너의 하나님께 경배하고 다만 그를 섬기라

이 두 번째 시험에 대해서도 예수님은 신명기 6장 13절 말씀으로 유혹을 물리치고 승리하셨습니다.

> "기록된 바 주 너의 하나님께 경배하고 다만 그를 섬기라."

여기서 "경배하라."는 뜻은 "사랑하라."는 말로 대체할 수 있습니다. 신명기 6장 4-5절은 말씀합니다.

> "이스라엘아 들으라 우리 하나님 여호와는 오직 유일한 여호와이시니 너는 마음을 다하고 뜻을 다하고 힘을 다하여 네 하나님 여호와를 사랑하라."

우리가 신구약성경을 한마디로 요약한다면 이 말씀이 아닐까요? 이것이 우리의 구원의 목적이요 행복의 근원입니다. 하나님을 사랑하고 하나님께로부터 오는 사랑과 인정을 받는 것 외에 우리에게 무엇이 더 필요할까요? 하나님의 영광을 추구하고 그를 영원토록 즐거워하는 것이 우리 인생의 목적이라고 웨스트민스터 소요리문답 1번은 우리에게 가르쳐줍니다.

주 너의 하나님을 시험하지 말라

누가복음 4:9-13

유혹자 마귀가 또 예수를 이끌고 예루살렘에 가서 성전 꼭대기에 세웠습니다. 거기에서 세 번째 시험을 했습니다.

I. 기적의 메시아가 되라

마귀는 이번에는 하나님의 말씀으로 유혹했습니다. 예수님께서 번번히 하나님의 말씀으로 승리하시자 마귀도 바로 그 하나님의 말씀으로 예수를 유혹합니다.

> "네가 만일 하나님의 아들이어든 여기서 뛰어내리라 기록되었으되 하나님이 너를 위하여 그 사자들을 명하사 너를 지키게 하시리라."

시편 91편 11-12절에 자신의 백성들을 지키신다는 하나님의 말씀입니다. 만약 예수님께서 이처럼 눈부신 '기적'으로 그의 메시아 사역을 시작하셨다면 수많은 백성들이 그를 따랐을 것입니다. 마귀는 이 하나님의 말씀을 증명하라고 말합니다. 그러나 하나님의 말씀과 사랑은 증명의 대상이 아니고 믿음과 신뢰의 대상입니다.

II. 주 너의 하나님을 시험하지 말라

예수님은 기적으로 자신의 메시아 됨을 증명하지 않으셨습니다. 그는 십자가의 길을 선택하셨습니다. 제자 양성의 길을 선택하셨습니다. 넓고 쉬운 길을 버리고 좁고 험한 길을 선택하셨습니다. 그는 큰 일로 자신을 드러내지 않고 사랑으로 한 사람 한 사람을 섬기셨습니다. 그 과정에서 한 번도 하나님의 사랑을 의심하지 않으시고 신뢰와 사랑의 길을 가셨습니다. 아브라함은 독자 이삭을 죽여 번제로 바치라는 하나님의 말씀을 들었을 때 순종했습니다. 그때마저도 하나님의 사랑을 의심하지 않았습니다. 그런 그는 부활로 그 아들 이삭을 여호와 이레의 경험으로 돌려받았습니다. 믿음의 사람 욥도 그 어려운 때에 하나님의 사랑과 그 높은 뜻을 의심하지 않았습니다. 사도 바울도 로마서 8장 38-39절에서 어떤 것도 우리를 그리스도의 예수 안에 있는 하나님의 사랑에서 끊을 수 없다고 고백했습니다.

갈릴리의 봄

누가복음 4:14-18a

예수님께서 세례를 받으시고 마귀의 시험을 받으신 후에 성령의 능력으로 갈릴리에 돌아가셨습니다. 성령의 능력은 전능하신 하나님의 능력입니다. 이 능력으로 예수님은 사실상 모든 것을 하실 수 있었습니다. 그 당시 백성들은 수천 수만 가지의 문제들을 갖고 살고 있었습니다. 정치적, 경제적, 사회적, 육체적인 문제들을 가지고 있었습니다. 예수님은 성령의 능력으로 어떤 일을 하셨을까요?

I. 여러 회당에서 가르치시매

예수님의 소문이 사방에 퍼졌습니다. 예수님은 여러 회당에서 가르치시기를 시작하셨습니다. 여러 문제가 있지만 가장 큰 문제는 하나님의 말씀이 없다는 것을 예수님은 확신하셨습니다. 예수님의 공생애는 가르치심의 사역이라 말할 수 있습니다. 백성들은 예수님의 말씀을 듣고 예수님을 칭송하기 시작했습니다. 갈릴리의 봄이 도래했습니다. 말씀 사역이 있는 곳에 서울의 봄, 부산의 봄, 대구의 봄, 광주의 봄, 델리의 봄, 양곤의 봄…이 옵니다. 말씀이 있는 곳에 생명의 역사가 시작됩니다.

II. 주의 성령이 내게 임하셨으니

나사렛 회당에 들어가셔서 성경을 읽으시려고 강단에 서셨습니다. 그 때 사람들이 선지자 이사야의 글을 드렸습니다. 예수님은 이사야서 61장을 펴서 낭낭한 목소리로 읽기 시작하셨습니다.

"주의 성령이 내게 임하셨으니… 내게 기름을 부으시고"

이 말씀을 통해 예수님은 자신을 기름부음을 받은 자, 즉 메시아로 소개하고 있음을 알 수 있습니다. 구약시대에서 기름부음을 받은 후에 사역에 임하는 직분이 있었습니다. 왕, 선지자, 대제사장들이 그러했습니다. 하나님은 이 기름 대신에 성령으로 예수님에게 부어 주셨습니다. 예수님은 그의 생애를 통해 성령으로 이 세 가지 직분을 완벽하게 수행하셨고 완성하셨습니다.

복음의 내용 (I) - 가난한 자에게 임한 복음

누가복음 4:18

하나님께서 예수님을 성령으로 기름 부으신 목적이 무엇입니까? 오늘 본문과 이사야서 61장 1-2절은 그 목적을 이렇게 설명합니다.

I. 가난한 자에게 복음을 전하게 하시려고

여기서 '가난한 자'를 어떻게 해석해야 할까요? 물론 일차적으로 물질적으로 가난한 자를 의미할 것입니다. 가난한 자들은 이 세상에 소망이 없고 힘이 없고 의존적인 삶을 살아갈 수밖에 없습니다. 예수님은 이들에게 사랑과 소망의 하나님 나라 복음을 전하셨습니다. 또 가난한 자를 영적으로 가난한 자라고 해석할 수도 있습니다. 영적으로 주리고 목마른 자, 그래서 하나님의 도우심을 간절히 바라고 의지하는 자, 자신의 죄를 회개하고 가난한 자신에게 임하는 하나님 나라의 풍성함을 갈망하는 자에게 은혜 위에 은혜를 주십니다. 예수님은 가난한 자, 병든 자들을 위해 오셨습니다. 스스로 교만하여 나는 부하다, 건강하다, 죄 없다 하는 자들에게는 화가 있을 것입니다.

II. 포로 된 자들에게 자유를

'포로 된 자'는 누구를 의미할까요? 악한 정권의 탄압과 모함과 거짓증거에 의해 감옥에 갇힌 주의 백성들과 종들을 의미할 수도 있습니다. 또 한편으로는 죄와 죽음과 악의 세력과 강한 사탄의 힘에 갇힌 자들을 의미할 수도 있습니다. 도저히 자신의 힘으로는 그 막강한 어두움의 세력에서 나올 수 없는 자들이 주의 음성을 듣고 그 옥문을 열고 나와 자유를 얻어 하나님을 일생 동안 섬기게 되는 것이 복음이요 진정한 해방입니다. 주의 영이 계신 곳에 자유가 있습니다. 죄로부터의 자유, 죽음으로부터의 자유, 율법으로부터의 자유 이 모든 것을 그의 말씀으로 주십니다. 성령으로 우리들에게 자유와 기쁨을 주십니다.

복음의 내용 (II)
- 눈 먼 자에게 다시 보게 함을

누가복음 4:18

예수님의 복음은 가난한 자에게 소망과 하나님 나라의 풍성함을 은혜로 주십니다. 또 옥에 갇힌 자에게 자유를 선물로 주십니다. 성령으로 모든 얽매인 것을 풀어주십니다.

I. 눈 먼 자에게 다시 보게 함을 전파하며

예수님께서 말씀하셨습니다.

"나는 세상의 빛이라."

이 말씀대로 예수님은 눈 먼 자들에게 다시 보게 함을 전파하셨습니다. 첫 사람 아담은 눈을 떠서 하나님과 같이 되기를 바랐습니다. 그런데 그 결과 하나님의 계명을 어기고 하나님과 자신과 세상에 대해 보지 못하는 맹인이 되었습니다. 육체적인 장애도 참으로 안타까운 것이지만 영적으로 우리가 하나님을 보지 못하고 하나님의 사랑과 소망을 보지 못하는 것은 정말 끔찍한 일입니다. 예수님께서는 진리로 하나님 나라를 가르치셨고 하나님의 사랑과 소망, 믿음의 세계를 말씀과 치유의 사역으로 보여

주셨습니다.

사도 바울은 에베소 성도들을 위해 다음과 같이 기도했습니다.

> "너희 마음의 눈을 밝히사 그의 부르심의 소망이 무엇이며 성도 안에서 그 기업의 영광의 풍성함이 무엇이며 그의 힘의 위력으로 역사하심을 따라 믿는 우리에게 베푸신 능력의 지극히 크심이 어떠한 것을 너희로 알게 하시기를 구하노라"(에베소서 1:18-19).

II. 눌린 자를 자유롭게 하고

우리 인간들은 어딘가에 무엇인가에 눌려 지냅니다. 가난에, 병에, 죄에, 율법에 결국 죽음이 주는 힘에 눌려 일생을 기를 피지 못하고 살다 죽습니다. 그런데 예수님의 복음은 우리로 하여금 모든 눌린 것에서 자유하여 치유를 받고 새로운 피조물로서 당당하게 하나님의 자녀로 살게 합니다. 믿음으로 감사와 찬양의 삶을 살게 합니다. 아멘!

복음의 내용 (III) - 은혜의 해

누가복음 4:19

은혜의 해는 희년을 의미합니다. 이 희년이 복음의 내용입니다.

I. 탕감

레위기 25장 10절은 말씀합니다.

> "너희는 오십 년째 해를 거룩하게 하여 그 땅에 있는 모든 주민을 위하여 자유를 공포하라 이 해는 너희에게 희년이니 너희는 각각 각기의 소유지로 돌아가며 각각 자기의 가족에게로 돌아갈지며"

하나님께서는 이스라엘이 가나안을 정복하고 새 생활을 시작할 때에 각 지파에게 공정하게 땅을 분배했습니다. 그러나 세월이 가면서 여러 가지 이유로 그 땅을 타인에게 팔고 빚을 진 사람이 나타나기 시작했습니다. 경제적인 노예로 전락하는 사태가 발생했습니다. 사람들마다 능력의 차이와 부지런함의 차이도 있을 수 있습니다. 그래서 이런 경제적인 불평등이 발생합니다. 하나님께서는 적어도 50년에 한 번씩은 이러한 경제적인 불평등을 해소하고 새로운 재출발을 할 수 있는 제도적인 장치를 마련해 주셨습니다. 적어도 이스라엘 공동체 내에서는 그렇게 할 수 있도록 하셨습니다. 예수님은 우리가 하나님께 진 죄의 빚을 탕감(용서)해 주십니다. 골로새서에는 빚 문서를 소멸하셨다고 기록되어 있습니다. 그의 십자가로 그렇게 하셨습니다. 이것이 복음입니다.

II. 회복

희년을 맞은 이스라엘 공동체는 다시 정의와 공평으로 새로운 출발을 하게 됩니다. 모두가 인간다운 삶의 회복을 누리고 경험하게 됩니다. 우리도 그리스도로 인하여 죄와 죽음과 율법의 노예되었던 상태에서 회복되어 하나님의 자녀로서 회복된 삶을 사는 것이 복음입니다. 자유와 회복이 하나님의 뜻입니다. 50년마다 오는 이 희년이 이제 그리스도로 인하여 언제나 믿음으로 우리에게 찾아올 수 있습니다. 적어도 이 복음이 그리스도의 공동체 안에서는 실현되어야 합니다.

이 글이 오늘 너희 귀에 응하였느니라

누가복음 4:20-30

예수님께서 회당에서 이사야 61장을 읽으신 후에 자리에 앉으셨습니다. 그 회당에 모인 분들 모두 주목하여 보았습니다. 예수님께서 이 말씀에 대해 어떻게 해석하시는가를 듣고자 했습니다.

I. 선포

이에 예수님께서 그들에게 말씀하셨습니다.

"이 글이 오늘 너희 귀에 응하였느니라."

예수님은 이사야의 이 예언이 성취되었음을 선포합니다. 하나님께서 예수님을 성령으로 기름 부으시고 자신의 사랑하는 아들로 인정하시며 세상으로 보내십니다. 이는 용서와 회복의 복음, 희년을 선포하기 위함입니다. 누구든지 언제든지 예수님을 하나님이 보내신 메시아로 영접하는 자들의 삶에는 이 놀라운 은혜의 해, 희년이 임합니다.

II. 나사렛 사람들의 반응

예수님의 이 놀라운 선포를 들은 사람들은 놀라기도 하고 그 은혜의 말을 기이하게 생각했습니다. 이제 그들은 이 복음을 받아들여 예수님과 함께 새로운 생활을 할 수 있었습니다. 그러나 그들은 이 복음을 받아들이지 않았습니다. 대신에 예수님의 출신을 문제 삼아 그 말씀을 받아들이지 않았습니다.

"이 사람이 요셉의 아들이 아니냐?"

그들은 예수님께 기적과 표적을 요구했습니다. 예수님께서 이미 많은 표적을 행하셨지만 그들은 끈임 없이 그것을 요구했습니다. 그들에게 예수님은 선지자가 고향에서 환영을 받은 적이 없다면서 경고의 말씀을 들려 주셨습니다. 시돈 땅에 있는 사렙다의 한 과부와 수리아의 군대장관 나아만의 예를 들어 하나님의 은혜와 구원을 받는 것은 신분이나 출신에 준하는 것이 아니라 믿음으로 된다는 것을 말씀해 주셨습니다. 그들은 유대인들이 경멸하는 이방인들이었습니다. 그럼에도 불구하고 믿음이 있는 자는 누구나 하나님의 놀라운 은혜를 받게 됩니다. 이 파격적인 말씀을 들은 그들은 예수님을 죽이고자 했습니다. 그러나 예수님은 그들 가운데로 지나서 가셨습니다.

권위 있는 말씀

누가복음 4:31-37

예수님께서 나사렛을 떠나 가버나움 동네에 내려가셨습니다. 그곳에서 안식일에 가르치셨습니다.

I. 안식일에 가르치시매

예수님의 사역은 가르침과 치유, 두 가지로 말할 수 있습니다. 그러나 항상 가르침이 우선권을 가지고 있었습니다. 예수님은 무명의 전도자였습니다. 오늘날 말로 하면 '평신도' 설교자였습니다. 그런데 예수님의 가르침은 권위가 있었습니다. 듣는 모두가 놀랐습니다.

말씀이 권위가 있다는 의미가 무엇일까요? 두 가지 의미가 있습니다.

첫째로 예수님은 말씀을 통해서 듣는 청중의 마음을 이해하고 그들의 문제를 정확히 진단하고 해답을 주시고 마음을 변화시키는 설교를 하셨다는 의미입니다. 백성들을 진정으로 사랑하지 않으면 될 수 없는 일입니다. 사랑은 권위를 동반합니다. 사랑은 변화를 동반합니다. 설교자의 권위는 사랑에서 나옵니다.

둘째로 예수님의 말씀은 그대로 이루어진다는 것입니다. 공허한 소리가 아니라 예수님께서 말씀하시면 사람도 만물도 그대로 순종한다는 것입니다. 하나님께서 천지를 창조하실 때 말씀으로 창조하셨습니다. 빛이 있으라 하시매 빛이 생겨났습니다. 바로 그 권위로 예수님은 말씀하시고 설교하셨습니다.

II. 잠잠하고 그 사람에게서 나오라

예수님의 가르침이 권위가 있다는 증거로 복음서 기자 누가는 귀신 들린 한 사람의 이야기를 기록하고 있습니다. 회당에 더러운 귀신 들린 한 사람이 있었습니다. 이 사람의 정신은 분열되어 있었습니다. 한편으로는 예수님의 말씀을 듣고 싶었습니다 그래서 회당에 나와 예배에 참여했습니다. 다른 한편으로는 예수님의 말씀에 내면으로 강력하게 저항하고 있었습니다. 예수님은 그 사람과 다투지 않고 그 사람 속에 있는 더러운 귀신을 꾸짖었습니다.

"잠잠하고 그 사람에게서 나오라."

그 말씀 앞에 귀신도 복종하고 그 사람을 떠나 갔습니다. 이렇게 예수님의 말씀은 권위와 능력이 있는 가르침이었습니다.

치유자,
예수님

누가복음 4:38-41

예수님께서 일어나 회당에서 나가셔서 시몬의 집에 들어가셨습니다. 오늘 본문은 치유하시는 예수님을 우리에게 보여줍니다.

I. 시몬 베드로의 장모를 치유하셨습니다

시몬의 장모가 중한 열병을 앓고 있었습니다. 사람들이 그를 위하여 예수님께 구했습니다. 그때 예수님은 가까이 서서 열병을 꾸짖으셨습니다. 이에 열병이 떠나고 즉시 일어나 예수님과 제자들의 식사를 준비해서 섬겼습니다. 여기서 우리는 예수님께서 우리들의 '작은' 문제까지도 도우신다는 것을 배울 수 있습니다. 이 예수님께 우리는 우리의 모든 크고 작은 문제들을 들고 나갈 수 있습니다.

II. 온갖 병자들을 일일이 고치셨습니다

해 질 무렵에 사람들이 온갖 병자들을 예수님께 데리고 나아왔습니다. 예수님께서는 말씀 한마디로 그 모든 병을 고치실 수도 있었습니다. 그러나 그렇게 하지 않으시고 일일이 병자들의 머리 위에 손을 얹어 안수하시고 고쳐 주셨습니다. 그러자 많은 귀신들이 떠나고 병이 치유되었습니다. 여기서 우리는 예수님의 인격적인 사랑을 배울 수 있습니다. 예수님은 우리를 무리로 보지 않으시고 한 사람 한 사람 섬세하게 도우시고 고쳐 주십니다. 모든 사람들은 저마다 다른 말 못할 '병'을 가지고 있습니다. 예수님은 그 병 또는 문제를 깊이 이해하십니다. 그리고 깊은 관심과 사랑으로 치유해 주십니다. 또 우리는 예수님의 치유의 능력을 배울 수 있습니다. 예수님은 우리를 치유하시기를 원하십니다. 우리가 건강한 몸과 마음으로 주님을 섬기기를 원하십니다. 따라서 우리는 어떤 문제를 가졌든지 그 문제를 들고 예수님께 나아가 고침을 받을 수 있습니다. 예수님 안에 치유와 변화의 능력이 있습니다. 할렐루야, 아멘!

나는 이 일을 위하여 보내심을 받았노라

누가복음 4:42-44

날이 밝으매 예수님께서 숙소에서 나오셔서 한적한 곳으로 가셨습니다.

I. 한적한 곳에서 기도하시다

마가복음에 의하면 새벽 미명에 한적한 곳으로 나가셨습니다. 기도하시기 위함이었습니다. 전날 하루 종일 가르치시고 병자들을 치유하시느라 피곤하셨을 것이지만 새벽에 일어나 하나님과의 교제를 찾으셨습니다. 독일에는 "새벽은 금을 입에 물고 있다."라는 속담이 있습니다. 예수님께서 이 귀중한 새벽을 하나님과의 교제에 드리신 이유가 무엇일까요?

첫째, 하나님을 사랑하셨기 때문입니다. 사랑하는 분과 가장 귀한 시간을 함께 보내는 것이 당연하지 않을까요?

둘째, 예수님은 자신의 원수인 사탄을 잘 알았습니다. 그 사탄을 대적하기 위해서는 기도하지 않을 수 없었습니다. 우리의 싸움은 혈과 육의 싸움이 아닙니다. 따라서 기도하고 하나님의 능력을 늘 구해야 합니다.

II. 갈릴리 여러 회당에서 전도하시더라

그렇게 기도하시는 예수님을 무리들이 찾았습니다. 그들은 예수님이 자신들의 동네에 머물면서 많은 기적을 베풀어주기를 바랐습니다. 그러나 예수님은 말씀하셨습니다.

> "내가 다른 동네들에서도 하나님 나라 복음을 전하여야 하리니 나는 이 일을 위하여 보내심을 받았노라."

예수님은 한곳에서 기적을 베풀며 인기를 얻기보다 끊임 없는 개척자, 무명의 전도자가 되기를 바라셨습니다. 이는 하나님께서 자신을 보내신 사명을 잘 알았기 때문입니다. 자신의 부르심을 따라 행하는 것이 쉽지 않습니다. 그러나 기도하시면서 하나님의 뜻을 늘 구하셨기 때문에 자기를 부인하고 십자가의 길, 전도자의 길을 가실 수 있었습니다. 하나님은 전도의 미련한 것으로 믿는 자들을 구원하시기를 기뻐하십니다(고린도전서 1:21). 우리가 미전도 종족을 위하여 기도해야 하는 이유이기도 합니다.

LU
KE
5
장

시몬에게 도움을 청하신 예수님

누가복음 5:1-3

예수님께서는 여러 동네를 다니시며 말씀을 가르치시고 병자들을 치유하시는 사역을 하셨습니다. 이렇게 하는 가운데 게네사렛 호숫가에 이르렀습니다.

I. 말씀을 듣기 위해 무리들이 몰려 왔습니다

때는 아침이었습니다. 그런데도 수많은 무리들이 예수님께 나아왔습니다. 그들이 예수님께 나온 이유는 다양했을 것입니다. 각자가 스스로 해결하지 못할 문제들을 가지고 예수님께 왔을 것입니다. 육체적인, 정신적인 질병을 가지고 왔을 수도 있고 가정의 문제도 있었을 것입니다. 경제적인 어려움도 있었을 것입니다. 그러나 이 복음서의 기자 누가는 하나님의 말씀을 듣기 위해 왔다고 기록하고 있습니다. 그들의 외부적인 문제에 감추어져 있는 그들의 진정한 소원은 하나님의 사랑과 그 은혜의 말씀을 듣고자 하는 것이었습니다. 하나님의 교회는 백성들의 실제적인 문제해결을 위해 노력도 해야 하지만 무엇보다도 최우선적으로 하나님 나라의 복음을 들려 주어야 합니다.

II. 어부 시몬에게 도움을 청하셨습니다

아마도 너무 무리가 많이 몰려와서 예수님은 호숫가로 물러가서야 했습니다. 예수님은 호숫가에 고기 잡는 배 두 척이 있는 것을 보셨습니다. 어부들은 배에서 나와서 그물을 씻고 있었습니다. 예수님께서 시몬의 배에 오르셔서 배를 육지에서 조금 떼기를 청하셨습니다. 그리고 배에서 앉아서 무리들을 다시 가르치기를 시작하셨습니다. 이렇게 자연스럽게 시몬은 예수님의 사역에 동참하게 되었습니다. 또 자연스럽게 가장 가까이에서 예수님의 말씀을 들을 수 있었습니다. 우리의 동역을 필요로 하시는 하나님? 인간에게 도움을 청하시는 하나님? 이것이 기독교 은혜의 복음입니다. 하나님은 전능하시지만 당신과 나를 필요로 하십니다.

깊은 데로 가서 그물을 내려 고기를 잡으라

누가복음 5:4-7

배에서 말씀을 가르치신 후에 시몬에게 말씀하셨습니다.

"깊은 데로 가서 그물을 내려 고기를 잡으라."

이 말씀의 뜻이 무엇일까요?

I. 깊은 곳으로 가라

예수님의 이 말씀은 상식적으로는 맞지 않는 말씀이었습니다. 본래 어부들은 밤에 고기를 잡습니다. 또 상대적으로 수심이 깊지 않은 육지에서 멀리 떨어지지 않은 곳에서 고기를 잡습니다. 그 사실을 유능한 어부들인 시몬과 그의 친구들은 잘 알고 있었습니다. 그런데 예수님은 목수 출신이었습니다. 따라서 예수님의 이 말씀을 받아들이기가 쉽지 않았을 것입니다. 그럼에도 불구하고 예수님께서 하신 이 말씀은 시몬을 이제까지 그가 살고 있던 상식과 경험에 기초한 세계에서 나와 더 깊은 영적인 세계로 들어오라는 초청의 말씀이었습니다.

하나님의 세계는 보이지 않는 세계입니다. 믿음과 순종의 세계입니다. 시몬은 고기 잡는 전문가입니다. 그러나 예수님께서 우리에게 가르쳐 주고자 하시는 것은 전문가의 지식과 경험을 넘어선 하나님의 초월적인 세계입니다.

이 세상에서 우리는 시몬과 같이 밤이 새도록 수고하지만 잡은 것이 없습니다. 그런 의미 없는 인생을 사는 우리를 예수님께서 깊은 곳으로 초청해 주십니다.

II. 말씀에 의지하여

시몬은 자기를 부인하고 말씀에 의지하여 씻은 그물을 다시 내렸습니다. 그때 고기를 잡은 것이 너무 많아서 그물이 찢어질 정도였습니다. 동료들의 도움을 받아 두 배 가득 고기를 채우게 되었습니다. 순종은 어려운 것이지만 엄청난 결과를 가져 옵니다. 자기 생각을 부인하고 하나님의 말씀을 앞세우는 것이 제자의 자세입니다. 아멘!

네가 사람을 취하리라

누가복음 5:8–11

말씀에 의지하여 그물을 내린 시몬은 예수님의 전능하심을 경험하고 그 앞에 무릎 꿇었습니다.

I. 나는 죄인이로소이다

순종한 시몬은 물 속의 고기도 예수님께 순종한다는 것을 보았습니다. 그는 예수님 안에서 하나님을 보았습니다. 이제까지는 시몬의 믿음은 좀 추상적이었고 막연한 것이었습니다. 그러나 이 사건을 통해서 그는 인격적이고 개인적인 하나님을 만날 수 있었습니다. 하나님을 만난 시몬의 반응이 무엇입니까? 그는 즉시 예수님 앞에 무릎 꿇고 "나는 죄인이로소이다, 주여 나를 떠나소서."라고 고백했습니다. 여기서 우리는 한 중요한 진리를 깨달을 수 있습니다. 하나님을 만나는 사람은 자신이 죄인임을 알게 됩니다. 이사야도 거룩하신 하나님을 만나고 자신에게 화가 있을 것이라고 고백했습니다. 욥도 그렇게 자신의 무죄를 주장했지만 하나님을 만나고 그 얼굴을 본 후에는 겸손하게 무릎 꿇었습니다. 또 이 인식이 하나님의 사람이 되는 첫 출발입니다.

II. 이제 후로는

예수님은 시몬에게 무서워하지 말라 하시며 그의 죄를 용서해 주셨습니다. 그리고 그를 제자로 부르셨습니다.

"이제 후로는 네가 사람을 취하리라."

사람의 생명을 살리는 어부로 부르셨습니다. '이제 후로는' 이 말씀을 통해서 예수님을 만난 인생은 극적인 전환, 변화를 경험하게 된다는 사실을 알 수 있습니다. 이제까지와는 완전히 다른 삶을 살게 된다는 것입니다. 목적이 있는 삶을 살게 됩니다. 시몬과 그의 동료들은 모든 것을 버려두고 예수를 따르는 제자가 되었습니다. 우리가 예수님을 따르기 위해서는 '모든 것을 버려두는 것'이 필요합니다.

나병 환자를 고치시다

누가복음 5:12-16

예수님께서 한 동네에 계실 때에 온 몸에 나병 들린 사람이 예수님께 나아 왔습니다. 그는 고침을 받기 원했고 예수님은 그 당시로는 불치의 병을 고쳐 주셨습니다.

I. 주여 원하시면…

나병은 그 당시로는 저주의 병이었습니다. 그래서 그 병에 걸린 사람은 사회로부터 격리되어 살아야 했습니다. 육체의 질병도 끔찍한 것이지만 마음으로도 하나님께로부터 저주를 받은 인생이라는 자기학대와 무시무시한 외로움 속에서 살아야 했습니다.

그런데 이 병자는 그럼에도 불구하고 예수님께 나아와 엎드렸습니다.

"주여 원하시면 나를 깨끗하게 하실 수 있나이다."

이 말을 통해서 우리는 두 가지 사실을 알 수 있습니다. 이 병자는 예수님께서 자신을 고치실 수 있는 능력이 있다는 것을 믿었습니다. 그런데 예수님께 그러한 의지가 있는지 확신이 없었습니다. 다시 말하면 예수님의 사랑에 대한 확신이 없었다는 이야기입니다. 이 병자의 깊은 갈등과 고민을 알 수 있는 대목입니다.

II. 내가 원하노니…

예수님은 이 병자의 깊은 내면의 상처를 아셨습니다. 그리고 그에게 손을 대시며 말씀하셨습니다.

"내가 원하노니 깨끗함을 받으라."

이 말씀과 손을 대시는 행동을 통해 이 병자의 육신과 영혼의 모든 상처와 아픔을 치유해 주셨습니다.

그는 더 이상 저주받은 사람이 아니라 하나님의 사랑을 받는 하나님의 자녀가 되었습니다. 이 치유가 아마 육신의 치료보다 더 큰 의미가 있는지도 모릅니다. 또 그를 사회로부터 격리된 삶에서 공동체의 일원으로 받아들이기 위해 제사장에게 나아진 몸을 보이고 예물을 드려 하나님을 섬기는 유대 공동체의 온전한 일원으로 살도록 도와주셨습니다.

죄로 인해 죄를 죄로 인식하지도 못하는 나병 환자와 같은 저희들의 몸과 영혼을 온전히 치유해 주시는 주님을 찬송합니다. 아멘!

지붕을 뚫는 믿음의 친구들

누가복음 5:17-20

하루는 예수님께서 한 집에서 가르치셨습니다. 그때에 갈릴리의 각 마을과 유대와 예루살렘에서 온 바리새인과 율법 교사들이 앉아서 예수님의 가르치심을 듣고 있었습니다. 그들은 아마도 무슨 꼬투리를 잡기 위해서 왔을 것입니다. 그럼에도 불구하고 예수님은 조금도 위축되지 않았습니다. 병을 고치는 주의 능력이 예수와 함께 했습니다.

I. 친구들의 사랑

한 중풍병자가 있었습니다. 그는 예수님께 나아가 고침을 받고 싶었습니다. 그러나 그는 다리가 마비가 되어 몸을 움직일 수 없었습니다. 침상에 누워 있어야 했습니다. 그런데 그에게는 다행스럽게도 그를 도와주고자 하는 친구들이 있었습니다. 아마도 네 명의 친구들이었을 것 같습니다. 그들은 침상의 각 한 모서리를 맡아 들고 아픈 친구를 예수님께 데리고 나아갔습니다. 그런데 예수가 계신 곳에 도착해 보니 너무 사람이 많아서 집 입구가 막혀 있었습니다. 저마다 각자의 병을 앓고 고침을 받고자 해서 도저히 양보가 되지 않았습니다. 그러나 그들은 포기하지 않고 지붕으로 올라가 기와를 벗기고 병자 친구를 침상째 무리 가운데로 예수

앞에 달아 내렸습니다. 어떠한 장애도 그들의 친구를 향한 사랑을 막지 못했습니다. 그들은 창의적인 아이디어로 난관을 극복했습니다. 사랑이 있는 곳에 길이 있습니다.

II. 친구들의 믿음

그들은 친구를 돕고자 하는 사랑뿐만 아니라 예수님께서 자신들의 중풍병 걸린 친구를 고칠 수 있다는 믿음이 있었습니다. 그래서 포기하지 않고 길을 찾고 도전했습니다. 예수님께서도 20절에 보면 그들의 믿음을 보셨다고 기록되어 있습니다. 성경은 사랑으로 역사하는 믿음이 효력이 있다고 말씀합니다(갈라디아서 5:6). 믿음과 사랑, 사랑과 믿음이 합쳐질 때 하나님의 아름다운 기적이 일어납니다. 아멘!

이 사람아
네 죄 사함을 받았느니라

누가복음 5:20-26

중풍병자 친구들의 믿음과 사랑을 보신 예수님은 그를 도와주셨습니다. 어떻게 도와주셨을까요?

I. 네 죄 사함을 받았느니라

외적으로 보면 그의 문제는 중풍병이었습니다. 그의 친구들도 치유를 위해 많은 어려움을 뚫고 그를 예수님 앞에 데리고 왔습니다. 그는 그의 친구들이나 병으로부터 나음을 받을 수 있다면 행복한 삶을 누릴 수 있을 것이라 생각했습니다. 그러나 예수님께서 보실 때는 더 시급하고 중요한 문제는 죄 문제에 대한 해결이었습니다. 잘 이해할 수 없지만 우리는 예수님의 이 관점을 받아들여야 합니다. 죄 문제에 대한 해결 없이 육신만 건강하면 그 건강한 육신으로 한평생 죄를 짓다가 지옥으로 가게 됩니다. 그러나 비록 육신에 장애가 있더라도 죄 문제가 해결되고 하나님과 바른 관계 가운데 살게 되면 복된 삶을 살게 됩니다.

조니는 유능한 수영 선수였는데 훈련을 하다가 목 부근 척추에 마비가 왔습니다. 그래서 그녀는 일평생 휠체어에 의지해서 다녀야 했습니다. 그러나 그녀는 믿음으로 운명을 극복하고 그러한 몸으로 그림도 그리고 노래도 하고 이웃에게 힘을 주는 삶을 살았습니다. 네 손가락으로 피아노를 치는 이희아 희망의 연주자를 보면 한없이 부끄러워집니다. 예수님은 죄를 사하실 수 있는 권세가 있습니다.

> "그러므로 아들이 너희를 자유롭게 하면 너희가 참으로 자유하리라"(요한복음 8:36).

예수님의 말씀을 듣고 우리의 죄 사함을 위한 그의 십자가의 죽으심을 영접하고 믿으면 우리는 죄 용서함을 받고 하나님과의 바른 관계 속에서 자유하고 복된 삶을 살게 됩니다.

II. 일어나 네 침상을 가지고 집으로 가라

바리새인들과 서기관들은 하나님 외에 누가 능히 죄를 사하겠느냐?'는 생각을 했습니다. 예수님께서는 자신에게 이 권세가 있음을 알게 하시려고 병자에게 말씀하시고 그를 일으켜 세우셨습니다. 치유는 그 자체에 목적이 있지 않고 예수님께서 누구신가를 알게 하고 하나님께 영광을 돌리게 하는 데 있습니다.

레위라 하는 세리

누가복음 5:27

레위의 직업은 세리였습니다 당시 유대 사회에서 세리 직업은 혐오의 대상이었습니다. 유대인들은 하나님의 백성이라는 정체성을 가지고 살았습니다. 그렇기 때문에 그들은 70년의 바벨론 포로 기간에도 그 자부심을 잃지 않았습니다. 레위가 살던 시절에 유다는 로마의 식민 통치를 받고 있었습니다. 세리는 로마의 식민 통치에 동조하는 유대 사회의 배반자로 낙인 찍혀 창기와 함께 사회의 대표적인 죄인이요 기생충으로 취급되었습니다.

우리 나라도 일본의 식민 지배를 받은 적이 있습니다. 그 시절 일본 경찰이 된 한국인들이 이 세리와 같은 혐오의 대상이었습니다. 그런데 레위는 왜 세리가 되었을까요?

레위도 이런 점을 잘 알고 있었을 것입니다. 그럼에도 불구하고 그는 세리가 되었습니다. 아마도 이 험한 세상에서 자신을 지켜줄 것은 돈밖에 없다고 판단했을 것입니다. 그런데 그는 능력도 있고 영리해서 세무 공무원 시험을 통과해 세리가 되었습니다. 그 결과 그는 상당한 부를 가지게 되었을 것이라 추정합니다. 당시 그가 살던 도시 가버나움은 갈릴리에서는 상당히 번화한 교통의 요지였고 그 도시의 세관은 힘과 권력이 있는 기관이었을 것입니다.처음에는 '성공'을 위해 치열하게 살았을 것입니다. 한동안 부와 사치가 주는 매력에 취해 만족하며 살았을 것입니다. 그러나 점차 세월이 갈수록 그는 행복하지 않았습니다. 소유가 주는 만족은 존재가 주는 행복을 대체할 수 없었습니다. 하나님이 없는 삶의 성공은 우리의 생애를 충만하게 할 수 없습니다.

당신은 지금 어디에 앉아 계신가요? 레위와 같이 세관에 힘없이 목적없이 의미없이 앉아 계신 것은 아닌가요?

나를
따르라

누가복음 5:27-29

예수님께서 레위라 하는 세리가 세관에 앉은 것을 보시고 그를 제자로 부르셨습니다.

"나를 따르라."

이 말씀이 레위에게 어떤 의미가 있을까요?

I. 부르심

레위는 부를 추구했습니다. 그의 철학은 "Nach mir die Sintflut, 내가 죽고 난 후에 홍수가"이었습니다. 그는 백성들이 굶주리거나 병들거나 별로 관심이 없었습니다. 오직 자신의 삶의 안정과 부가 주는 화려함과 쾌락을 추구했습니다. 그런데 예수님께서 그에게 관심을 두시고 그가 추구하던 삶의 목표를 바꾸라고 요청하셨습니다. 더 이상 자신을 위해 살지 않고 하나님의 영광을 위해 이웃을 위해 사랑의 삶을 사는 예수님의 제자가 되라는 요구입니다. 모두 그를 민족의 배반자요 매국노로 매도하며 그를 멀리했지만 예수님은 그를 병자로 보시고 치유하시는 하나님께로 돌아오라고 초청하십니다. 이것이 은혜입니다.

"나를 따르라."

이 부르심은 엄청난 것을 요구하는 듯 보입니다. 그러나 이 부르심이 없었다면 레위의 인생은 순간의 만족과 눈에 보이는 찰라적인 행복을 위해 살다가 회한과 한숨 속에 지옥으로 가는 덧없는 삶이었을 것입니다. 그러나 이 예수님의 은혜의 부르심은 그의 인생을 영원한 인류의 스승의 삶으로 만들었습니다. 그는 마태복음의 저자 마태입니다. 영원히 변하지 않고 사라지지 않을 성경의 저자요, 그리스도의 사도요, 아프리카 선교사로 그의 인생은 하늘의 별과 같이 빛나고 있습니다. 나는 무엇을 추구하고 있나요? 누구를 따르고 있나요? 이 질문에 대한 대답이 우리의 인생을 결정합니다.

II. 레위의 결단

레위는 이 초청의 음성을 듣고 마치 기다렸다는 듯 즉시 일어나 모든 것을 버리고 예수님을 좇았습니다. 그리고 예수를 위하여 큰 잔치를 열어 많은 동료 세리들을 초대했습니다. 그의 변화와 기쁨을 보여주는 장면입니다. 진정한 기쁨은 삶의 목표를 찾았을 때 옵니다. 하나님과 예수님과 교제할 때 진정한 기쁨이 있습니다(요한일서 1:3-4). 이 교제 안에 구원이 있습니다.

죄인을 불러 회개시키러 오신 예수님

누가복음 5:30-32

레위가 예수님의 부르심을 받고 기뻐하며 자신의 친구들을 초청해서 잔치를 베풀었습니다. 이로인해 큰 기쁨이 있었습니다. 다들 기뻐했는데 한 그룹만이 화가 났습니다. 바리새인과 서기관들이 그 제자들을 비방하고 시비를 걸었습니다.

> "너희가 어찌하여 세리와 죄인과 함께 먹고 마시느냐?"

이들은 백성들의 종교 지도자들이었습니다. 사실 이들은 마땅히 세리들이 회개하고 하나님께로 돌아온 것을 기뻐해야 했습니다. 그들은 누가복음 15장의 '돌아온 탕자' 비유에 등장하는 맏아들과 같이 불평과 불만이 가득했습니다. 그들의 문제가 무엇일까요?

예수님께서는 그들의 문제를 잘 아시고 다음과 같이 말씀하셨습니다.

> "건강한 자에게는 의사가 쓸 데 없고 병든 자에게라야 쓸 데 있나니 내가 의인을 부르러 온 것이 아니요 죄인을 불러 회개시키러 왔노라."

예수님은 레위와 그의 친구들을 병자로 보았습니다. 그들의 잘못된 순간의 선택으로 인해 매국노가 되고 이기적인 마음으로 살다가 사회로부터 격리된 외로운 삶을 사는 잃어버린 하나님의 자녀로 보았습니다. 그러면 그럴수록 더 악착스럽게 돈을 모으고 찰나적인 쾌락을 추구하다가 점점 더 망가진 중독자로 보았습니다. 삶의 방향과 길을 잃어버린 방황하는 구도자로 보았습니다. 그에게 의사가 되고 멘토가 되어 그의 마음 속에 있는 하나님을 향한 열망을 다시 살려낸다면 잃어버린 하나님의 형상을 회복하고 예수님의 제자요 하나님의 종으로 살게 될 것을 예수님은 믿었습니다. 이 예수님의 믿음대로 레위는 후에 사도 마태가 되었습니다.

회개는 모든 사람을 살리는 길입니다. 이 회개는 모든 사람들에게 열려 있습니다. 의사는 병을 진단하고 병자를 살려야 합니다. 그러기 위해서는 병자를 접촉해야 합니다. 그와 교제하고 그의 문제를 알아야 합니다. 환자는 의사에게 가서 옷을 벗고 진단을 받아야 합니다. 수치스럽지만 그 환부를 드러내야 합니다.

그런데 바리새인들과 서기관들은 죄인들을 멀리하고 경멸했습니다. 환자를 받지 않는 의사는 아무 의미가 없습니다. 우리는 우리의 죄와 실수를 들고 예수님께 나아가야 합니다. 아니 예수님께서 병들고 지친 우리에게로 오십니다. 우리를 고치러 오신 주님께로부터 도망치지 않고 그의 처방대로 순종하면 나음을 받게 됩니다. 그러면 우리도 작은 의사가 되어 병든 세상을 치유하는 그리스도의 제자가 됩니다. 아멘!

신랑 되신 예수님

누가복음 5:33-35

종교 지도자들이 예수님께 와서 물었습니다. 세례 요한의 제자들이나 바리새인의 제자들은 자주 금식하고 기도하는데 왜 예수님의 제자들은 먹고 마시는가? 이 질문을 통해 그들은 예수님의 제자들이 불경건하지 않느냐고 비방하고 있습니다. 이에 대한 예수님의 대답이 무엇입니까?

I. 바리새인의 신앙생활

레위기 23장 27절은 하나님의 백성들이 일 년에 하루 금식하도록 지정하고 있습니다. 즉 3월 10일 대속죄일에 그렇게 하라고 되어 있습니다. 금식은 죄에 대한 슬픔과 회개의 징표로서 자신을 절제하는 것을 말합니다. 다른 한 가지는 아주 중대한 문제가 기도제목으로 있을 때 금식하기도 했습니다(에스더 4:16). 예수님 당시에는 경건한 유대인들이 한 주에 두 번씩(월요일, 목요일) 기도하는 전통이 있었습니다. 바리새인들은 이 전통을 아주 중요하게 생각했습니다. 그런데 그들은 자신의 죄에 대해 애통하거나 회개의 징표로서 기도하는 것이 아니라 자신의 경건을 과시하기 위해서 그렇게 한다고 예수님께서 그의 산상수훈 설교에서 언급하셨습니다. 그들은 경건을 종교적인 의식을 행하고 자신을 절제하는 금욕적인 고

행으로 이해했습니다.

II. 예수님의 제자들의 신앙생활

반면에 예수님의 제자들은 그렇게 금식하지 않았습니다. 그들은 먹고 마시며 즐거워했습니다. 매일매일이 잔치였습니다. 왜냐하면 매일 죄인들이 하나님께 돌아오고 병든 것이 낫고 문제가 해결되었기 때문입니다. 예수님은 이것을 혼인잔치로 비유했습니다. 신랑이신 예수님과 함께 있는 동안에는 금식 등으로 대표되는 종교적인 의무에서 나와서 혼인잔치에 초대된 손님들과 같이 기쁘고 화려한 축제를 즐기는 것이 당연하다고 말씀하십니다. 예수님과 함께 은혜와 평강과 희락을 누리는 풍성한 삶이 바로 신앙생활입니다. 주의 영이 계신 곳에는 자유함이 있습니다. 우리는 신앙생활을 어떻게 이해하고 있나요?

새 술은 새 부대에

누가복음 5:36-39

예수님의 하나님 나라 복음은 그 당시 유대의 종교적 전통과 정면 충돌했습니다. 하나님 나라의 복음은 언제나 변화와 혁신을 동반합니다. 예수님께서는 이 진리를 두 가지 비유로 설명합니다.

어떤 사람이 새 옷을 삽니다. 그리고 그 새 옷의 한 조각을 찢어 낡은 옷에 붙입니다. 그렇게 하면 새 옷을 버리게 되고 낡은 옷에도 그 새 옷의 조각은 어울리지 않습니다. 너무나 당연한 이야기입니다. 또 새 포도주를 낡은 가죽 부대에 넣는 자도 없습니다. 만일 그렇게 하면 새 포도주가 부대를 터뜨려 포도주가 쏟아지고 부대도 못쓰게 됩니다. 결론적으로 예수님은 새 술은 새 부대에 담아야 한다고 말씀하십니다. 그런데 39절에 보면 사람들은 묵은 것을 더 좋아한다고 합니다. 익숙하기 때문입니다. 묵은 포도주가 더 부드럽기 때문입니다.

본문에서 언급되는 새 옷과 새 포도주는 복음을 뜻합니다. 이 복음이란 어찌보면 바리새인들이 그동안 붙들고 온 유대주의와 정면으로 반대되는 개념이라고 볼 수 있습니다. 이에 예수님께서는 이 복음의 가치를 모르는 그들에게 주어봤자, 그들에게 어울리지 않을 것이라고 말씀하십니다. 하나님 나라 복음의 은혜의 이신칭의의 진리는 바리새인들의 공로주의와 율법주의에는 전혀 어울리지 않는 것이었습니다. 그렇다면 새 포도주는 어디에 넣어야 하는 것입니까? '새 부대' 즉, 새 마음에 담아야 합니다.

아담의 타락 이후, 인간의 마음은 죄에 의해 오염되었습니다. 그로 인해 모든 인간의 마음은 죄의 지배하에 놓여 선을 결코 추구할 수 없는 존재가 되고 말았습니다. 선이란 무엇입니까? 하나님의 뜻대로 살아감을 뜻합니다. 그러나 인간은 하나님의 뜻대로 결코 살아갈 수 없게 되었습니다. 더 나아가 하나님의 뜻을 알려고 조차 하지 않게 되었습니다. 이러한 존재가 바로 본문에서 등장하는 바리새인들이었습니다. 그리스도의 하나님 나라 복음은 새 마음을 품은 자만이 받을 수 있습니다. 바리새인들과 같이 옛 전통에 얽매여, 자신들이 그동안 해오던 삶의 방식이 좋다고 그것만을 쫓아 살아가는 자들은 결코 이 복음을 받을 수 없습니다.

복음은 우리의 삶에 전인격적으로 영향력을 끼칩니다. 복음을 받았는데 삶이 변하지 않고 그대로이다? 그럴 수 없습니다. 새 마음과, 새 영을 주셨는데 어떻게 삶이 변하지 않겠습니까?

예수님의 하나님 나라 복음은 옛 생활을 청산하고 새 마음을 품기 원하는 자들만이 받아들일 수 있습니다. 예수님은 바리새인들을 자신의 제자로 부르시지 않고 어부, 목수, 세리 … 들로 이루어진 새로운 공동체를 부르시고 새 역사를 시작하셨습니다.

LU
KE
6
장

안식일의 주인 되신 예수님

누가복음 6:1-5

한 안식일에 예수님께서 밀밭 사이로 제자들과 함께 지나가셨습니다. 그런데 배고픈 제자들이 이삭을 잘라 손으로 비비어 먹었습니다. 그들이 안식일인 줄 알았는지 몰랐는지는 사실 분명하지 않습니다. 예수님의 제자들이 가끔씩 잔치를 벌이기도 했지만 잘 먹지 못했다는 것은 사실인 것 같습니다.

I. 송사하는 바리새인들

이 순간을 목격한 바리새인들이 기회를 포착하여 그들을 송사했습니다. "어찌하여 안식일에 하지 못할 일을 하느냐?" 바리새인들은 율법의 문자적 조항들은 잘 아는 박사들이었습니다. 그러나 그들은 율법의 정신에 대해서는 무지했습니다. 그들은 안식일에 하지 말아야 할 일에 대한 세부 규칙을 만들었는데 그 규정에 의하면 제자들은 추수하는 일, 추수한 곡식을 잘라서 탈곡하는 일, 그 곡식을 가지고 요리하는 일. 이런 규정들을 위반했습니다. 그들은 자신들이 만들어놓은 규정의 문자적 적용에만 관심이 있었지 배고픈 제자들과 예수님의 인간적 형편에 대해서는 전혀 관심이 없었습니다.

II. 율법의 정신을 가르치신 예수님

이렇게 송사하는 바리새인들을 향해 예수님은 자신의 제자들을 변호하십니다. 사무엘상 21장에는 다윗이 사울을 피해 도망다닐 때 하나님의 전에 들어가서 제사장 외에는 먹지 못하는 진설병을 먹은 예를 들어 율법은 항상 사람을 위해 적용되어야 함을 가르치십니다. 율법의 정신은 그 문자적 조항 자체에 있는 것이 아니라 약자의 권익 보호에 있습니다.

빅토르 유고의 "레미제라블"에 나오는 '장발장의 이야기'를 우리는 너무나 잘 압니다. 유고는 그 소설을 통해 문자적인 법적용이 얼마나 한사람의 인생을 부정적으로 파괴하는지 잘 보여줍니다. 율법의 정신은 사람이고 사랑입니다.

더구나 예수님은 안식일의 주인이십니다. 그 안식일을 제정하신 하나님이십니다. 그는 법 위에 있으신 분입니다. 따라서 이 예수님 안에 있는 자는 자유와 평안을 얻습니다. 그는 자신의 제자들을 변호하시는 변호사이십니다. 누구든지 이 예수님 안에 있는 자에게는 결코 정죄함이 없습니다(로마서 8:1-2).

네 손을 내밀라!

누가복음 6:6-11

또 다른 안식일에 예수님께서 회당에 들어가셨습니다. 거기에 오른손이 마비된 사람이 있었습니다. 예수님은 안식일임에도 불구하고 그를 고쳐 주시고 그에게 새로운 삶을 주셨습니다.

I. 한 손 마른 사람

의사 누가는 그의 오른손이 완전히 마른 것을 말하고 있습니다. 이로 인해 그는 아마도 좋은 일자리를 찾기가 어려웠을 것입니다. 그의 오른손이 말랐을 뿐 아니라 그의 마음도 말라가고 있었습니다. 그의 생각과 삶도 다 말라가고 있었습니다. 그와 하나님과의 관계도 말라서 죽어가고 있었습니다. 그의 육체의 작은 부분이 말랐는데 그의 삶 전체가 말라가고 죽어가고 있었습니다.

II. 사랑이 마른 서기관과 바리새인

회당에는 서기관과 바리새인들도 있었습니다. 이들도 하나님께 예배하고자 나와 왔을 것입니다. 그런데 그들은 예수를 고발할 증거를 찾으려

하여 안식일에 병을 고치시는가 엿보고 있었습니다. 그들은 이 한 손 마른 사람에 대한 사랑도 관심도 없었습니다. 그들의 마음이 말라 있었습니다. 그들은 오직 자신들의 종교권력을 유지하는 데만 관심이 있었습니다. 우리의 마음은 어떤가요?

III. 사랑으로 치유하시는 예수님

그들의 악한 생각을 아심에도 불구하고 예수님께서는 한 손 마른 자를 한가운데 불러 세우셨습니다. 그리고 서기관과 바리새인들에게 물으셨습니다.

> "안식일에 선을 행하는 것과 악을 행하는 것, 생명을 구하는 것과 죽이는 것, 어느 것이 옳으냐?"

이 질문을 통해서 예수님은 바리새인들의 양심에 호소합니다. 그들이 추구하는 종교의 본질이 무엇인지 깨닫도록 도전하고 있습니다. 그럼에도 불구하고 그들의 마른 마음은 더 딱딱해졌습니다. 그들은 노기가 가득하여 예수를 어떻게 하면 제거할까 서로 의논했습니다.

반면에 예수님은 안식일에 진정으로 해야 하는 일을 하셨습니다. 그의 마른 손을 고쳐주셨습니다. 기독교의 본질은 사랑입니다. 기독교의 가치는 생명입니다. 이 생명은 예수님의 말씀에 순종하여 나의 마른 손을 예수님께 내밀 때 은혜로 얻게 됩니다.

열두 사도를 부르신 예수님

누가복음 6:12-13

세상은 영적으로 어둡고 소망이 없습니다. 병들고 상처가 든 세상입니다. 그리고 종교 지도자들은 백성들에게는 관심도 사랑도 없었습니다. 오히려 자신들의 율법과 규례로 백성들의 삶을 더 가혹하고 어렵게 만들었습니다. 에스겔 선지자는 다음과 같이 말씀합니다.

> "내 목자들이 내 양을 찾지 아니하고 자기만 먹이고 내 양 떼를 먹이지 아니하였도다"(에스겔 34:8).

예수님은 이러한 세상을 위하여 오셨습니다. 자신의 양들이 생명을 얻고 더 풍성히 얻고 누리게 하기 위해서 오셨습니다. 이런 세상을 위하여 내리신 처방이 무엇일까요?

I. 기도하신 예수님

예수님께서 산으로 가셨습니다. 산으로 가셨다는 의미는 한적한 곳으로 하나님과의 교제를 위해 가셨다는 의미일 것입니다. 세상의 분주함을 잠시 떠나 높은 곳으로 하나님께로 자신의 눈과 마음을 돌리셨다는 의미일 것입니다. 거기서 기도하셨습니다. 예수님께서는 세상의 수많은 문제 때문에 절망하시지 않았습니다. 기도 가운데 하나님의 뜻을 구하셨습니다. 문제 하나 하나를 분석하고 해결책을 찾는 섬세함도 필요하지만 그러한 문제 자체에 매이기보다 큰 그림을 그리며 근원적인 문제를 찾는 통찰력이 필요하기도 합니다. 기도하면 소망이 있습니다. 우리는 기도하고 하나님은 일하십니다.

II. 열두 제자를 부르신 예수님

기도를 통해 예수님은 이 시대의 문제가 지도자에게 있다는 영적인 깨달음을 얻었습니다. 그리고 날이 밝으매 그 제자들을 부르사 그중에 열둘을 택하여 사도라 칭하셨습니다. 예수님은 자신의 공생애 동안에 수많은 일을 하시지만 가장 집중적으로 하실 일을 선택하셨습니다. 그것은 바로 열두 사도를 키우시는 일이었습니다.

'사도'는 '보내심을 받은 자'라는 뜻이 있습니다. 예수님은 이 열두 사도를 가르치고 키워서 후에 온 세상으로 보내시려고 했습니다. 그들을 통해 온누리에 그리스도의 복음을 전하시고자 했습니다. 여기서 우리는 세상의 많은 슬픔과 아픔, 상처와 타락한 현실을 보고 안타까워할 것이 아니라 바로 그러한 세상을 위하여 예수님을 닮은 진실한 제자, 영적인 권위를 가진 그리스도의 사명을 가진 지도자, 양들을 사랑하고 섬길 수 있는 목자를 키워야 함을 알게 됩니다. 모든 분야에서 이러한 지도자들을 키워야 함을 알 수 있습니다.

열두 사도

누가복음 6:14-16

예수님이 부르신 열두 제자가 누구입니까?

시몬 베드로: 그는 어부였습니다. 매우 격정적인 인물이었고 통이 크고 의리가 있는 사람일 것으로 추정됩니다. 리더십이 있는 인물이었지만 충동적인 성격으로 약점도 많았을 것으로 생각됩니다.

안드레: 시몬 베드로의 동생입니다. 오병이어 사건에서 어린아이의 오병이어를 예수님에게 들고 나온 긍정과 믿음의 사람입니다.

야고보: 요한의 형이며 교회의 첫 순교자입니다.

요한: 예수님이 우뢰의 아들이라고 별명을 지어주셨습니다. 사랑의 사도로 끝까지 예수님의 어머니 마리아를 에베소 교회에서 모신 제자입니다.

빌립: 이성의 사람, 하나님을 보고 싶어했고 오병이어 사건 때 계산과 이성으로 다소 부정적이었던 사람입니다.

바돌로매: 요한복음 2장의 나다나엘과 동일 인물이며, 예수님이 거짓이 없는 참 이스라엘 사람으로 인정하심셨습니다.

마태: 세리 레위, 마태복음의 저자입니다.

도마: 직업은 목수로 알려지고 자신의 눈과 손가락을 믿고 싶어했던 의

심의 사람입니다.

알패오의 아들 야고보: 성경에서 이름 외에는 알려지지 않고 있고, 조용한 그림자 같은 추종자입니다.

셀롯 시몬: 열혈당 출신, 민족의 해방을 위한 투쟁의 사람입니다.

야고보의 아들 유다: 또 다른 이름으로 다대오라 하고 예수와 함께 세상에 이름을 내고 싶어했습니다함(요한복음 14:22).

가롯 유다: 예수를 판 자, 그도 열혈당 출신인 것으로 추정됩니다.

이 열두 제자들은 대부분 갈릴리 출신으로 추정됩니다. 학자나 유명 가문 출신은 아닐 것으로 추정합니다. 많은 약점과 실수를 가진 사람들이었을 것입니다. 그러나 그들은 예수님께서 부르실 때 모든 것을 버리고 예수를 따랐고 예수와 함께 동고동락하며 그의 삶과 말씀을 배웠습니다. 예수님께서는 이 젊은이들을 미래의 소망이요 세상의 역사를 바꾸어 갈 주인공들로 보았습니다. 그들은 지극히 평범한 인물들이었지만 예수님께서는 그들을 사도라 칭하셨습니다.

유능한 목수는 보잘 것 없는 목재로도 멋진 집을 지어 냅니다. 목수는 자재를 탓하지 않습니다. 훌륭한 조각가는 투박한 돌들로 피에타와 비너스 같은 위대한 작품을 만들어 냅니다. 우리들이 예수님의 손에 들려진다면 예수님께서는 우리로 멋진 하나님 나라의 집을 건축하시고 우리를 깎고 다듬어 다윗상과 같은 멋진 예술품이 되게 하실 것입니다. 21세기 역사를 새로 쓰는 펜이 되게 하실 것입니다. 아멘!

복이 있나니 (I)

누가복음 6:17-21a, 24-25a

예수님께서 제자들을 데리고 산에서 내려오셨습니다. 그러자 많은 사람들이 예수님께 나아왔습니다. 그들은 말씀도 듣고 병고침을 받으려고 나아왔습니다. 유대와 예루살렘과 두로와 시돈의 해안에서도 예수님의 소문을 듣고 찾아 왔습니다. 더러운 귀신에게서 고통당하는 사람들도 고침을 받았습니다. 온 무리가 예수를 만지려고 힘썼습니다. 이는 능력이 예수님으로부터 나와서 모든 사람을 낫게 함이었습니다. 이들은 참으로 많은 문제를 안고 살았습니다. 그러나 그 문제로 인하여 예수님께 나와 예수님의 능력을 체험하는 은혜를 덧입었습니다.

세상은 아무 문제도 없이 편하게 사는 삶을 복되다 합니다. 그러나 예수님은 다음의 이런 자들이 복되다 합니다.

I. 가난한 자는 …

예수님께서는 말씀하십니다.

"너희 가난한 자는 복이 있나니 하나님 나라가 너희 것임이요."

여기서 '너희 가난한 자'라고 말씀하셨기 때문에 일차적으로 예수님을 따르는 제자들을 지칭하신 것으로 볼 수 있습니다. 그들은 예수님을 따르기 위해 모든 것을 버렸습니다. 스스로 가난해진 것입니다. 하나님은 이러한 자들을 반드시 축복하시고 보상하십니다. 가장 큰 보상은 그들이 삶에서 더 나아가 이생의 삶을 다한 후에 받게될 영생, 즉 하나님 나라입니다. 하나님 나라는 하나님의 통치를 받는 삶의 전 영역을 의미합니다. 현재와 미래의 멋진 복된 삶이 이러한 제자들이 받게될 복입니다. 둘째로 가난한 자는 무언가 궁핍하여 필요를 느끼는 사람을 뜻합니다. 그들은 영적으로 물질적으로 부족해서 하나님의 도우심과 은혜를 갈구하는 사람들입니다. 하나님은 이런 자들을 복되다 하십니다. 아무런 궁핍이 없이 "평안하다, 평안하다." 하면서 하나님을 구하지 않는 자들에게는 화가 있을 것입니다. 마르틴 루터는 그의 임종시 "우리는 거지다, 그리고 이 말은 언제나 참되다."라고 말했다고 합니다. 그는 우리 인생이 하나님의 은혜를 구걸하는 마음으로 살아야 함을 가르쳐 주었습니다.

II. 지금 주린 자는 …

여기서 강조점은 '지금'이라는 단어입니다. 지금 주리고 목마른 자는 하나님의 때에 배부르게 된다고 말씀하십니다. 현재가 중요하지만 우리의 미래는 더 중요합니다. 소망은 우리를 춤추게 하는 힘입니다. 그리스도인은 이 소망으로 현재에 노래하고 춤추는 삶을 살아갑니다.

복이 있나니 (II)

누가복음 6:21b-23, 25b-26

하나님은 우리에게 복 주시기를 기뻐하십니다. 그런데 아담의 타락 후에 이 복의 개념도 많이 달라졌습니다. 그래서 우리 크리스천들도 점점 세상이 추구하는 '유사한' 복을 찾고 구하게 되었습니다. 그런데 예수님께서는 전혀 다른 개념의 복에 대해 말씀하십니다. 가난한 자, 주린 자들이 진정으로 복된 자라고 말씀하셨습니다 오늘 본문에서도 이어서 어떤 자들이 진정으로 복된 자들인가 말씀하십니다.

I. 지금 우는 자는 …

가난하고 주린 것도 여러 종류가 있듯이 우는 자들도 여러 종류의 사람들이 있습니다. 자기 연민에 빠져 우는 자들도 있고 억울한 누명을 쓰고 우는 자들도 있습니다. 사랑에 실패해서 우는 자들도 있을 수 있습니다. 그러나 예수님께서 오늘 본문에서 말씀하시는 복된 눈물은 그런 종류의 눈물과는 차이가 있습니다. 그러면 우리를 복되게 하는 눈물은 어떤 것일까요?

첫째로 회개의 눈물입니다. 하나님 앞에서 자신의 죄악됨을 인정하고 돌아온 탕자와 같이 애통하고 자복하는 그러한 눈물로 인해 우리는 하나님의 의로우심과 구원을 덧입게 됩니다.

둘째로 사랑의 눈물입니다. 선지자 예레미야는 멸망하는 유다를 향해 눈물의 메시지를 전했습니다. 어머니 모니카는 타락하고 방탕한 아들 어거스틴을 위해 40년 이상 눈물의 기도를 드렸습니다. 우리 하나님은 그런 목자의 눈물을 결코 잊어버리지 않습니다. 하나님은 우리의 눈물을 항아리에 다 담아 계수하신다고 시편 기자는 말씀합니다. 그리고 새 하늘과 새 땅이 올 때 하나님께서 친히 우리의 눈물을 다 닦아 주신다고 말씀합니다(요한계시록 21:4).

II. 인자로 말미암아 미움 받고 버림 받는 자는 …

우리 신자들이 세상을 따라 그 가치관 대로 살면 세상은 우리를 미워하지 않습니다. 그러나 우리가 세상을 따라 살지 않고 하나님 나라의 가치관으로 살아가면 우리는 세상으로부터 미움과 배척을 받습니다. 우리 주님, 예수님을 십자가에 매달았듯이 그들은 우리를 버리고 핍박합니다. 진리를 전하는 선지자들은 모두 고난과 배반과 아픔을 당했습니다. 그러나 거짓 선지자들은 칭찬과 존경을 받습니다. 그들에게는 화가 있을 것입니다.

지금 웃고 쾌락을 즐기는 자들은 음부에서 이를 갈고 애통하게 될 것입니다.

너희 원수를 사랑하라

누가복음 6:27-35

오늘 본문에서 가르치는 "원수를 사랑하라."는 이 가르침은 우리 인간의 능력과 본성에 반하는 가르침입니다. 우리가 어떻게 우리를 미워하는 사람을 사랑하고 우리를 저주하는 사람들을 축복할 수 있습니까? 우리는 가장 가까이 있는 자신들의 남편이나 아내를 사랑하기도 어렵지 않습니까? 구약에 나오는 "눈에는 눈, 이에는 이" 가르침이 훨씬 인간성에 가깝지 않습니까? 그러면 우리가 어떻게 이 예수님의 가르침에 순종할 수 있을까요?

I. 죄인들도 이렇게 하느니라

오늘 본문은 죄인들과 예수님의 제자들을 비교하고 있습니다. 여기서 죄인이란 일반적인 평범한 인간의 본성을 가진 자, 아직 하나님의 은혜를 경험하지 못한 사람들을 말합니다. 우리는 본능적으로 자신의 가족이나 친구, 친지들을 사랑합니다. 심지어 자신의 자식들을 위해서는 목숨을 아까워하지 않는 경우도 있습니다. 친구들을 위해 많은 시간과 물질을 기꺼이 내어놓기도 합니다. 물론 그렇게도 하지 않는 경우도 많이 있지만 대부분은 가족과 친척, 친구 지인들과 잘 지내기 위해 노력합니다. 그런데 예수님은 그 정도로는 하나님의 칭찬을 받지 못한다고 말씀합니다.

II. 지극히 높으신 이의 아들들

예수님은 우리의 본성에 반해서 나를 미워하고 저주하고 모욕하고 터무니없는 요구를 하는 자들을 사랑하고 축복해야 한다고 말씀하십니다. 그렇게 해야 예수님의 제자가 되고 지극히 높으신 하나님의 아들과 딸들이 되다고 말씀하십니다. 예수님의 제자는 예수님을 배우는 사람들입니다. 바로 예수님은 자기를 미워하고 모욕하고 저주하는 자들을 위해 자신을 내어주시고 심지어 살과 피를 주셨습니다. 평생 가난한 자, 병자들을 사랑하시고 치유하시고 진리의 말씀을 가르치셨습니다. 그런데 인간들은 그 예수님을 향해서 "십자가에 못 박으라."라고 외쳤습니다. 이 말도 되지 않는 인간들을 위해 하나님은 그의 독생자를 내어주시면서 우리들을 사랑하셨습니다. 그러므로 이 하나님의 은혜를 덛입은 자들은 하나님의 본성을 닮아 원수들을 사랑할 수 있습니다.

예수님의 제자들은 구별성과 탁월성을 지녀야 합니다. 하나님 나라의 법도대로 살아야 합니다. 벤허가 자신을 배반한 친구 멧살라를 예수님의 십자가 앞에서 용서하고 사랑할 때 그의 영혼에 부활과 치료의 태양이 떠오르게 됩니다.

아버지의 자비로우심과 같이

누가복음 6:36-38

예수님께서 계속 말씀하십니다. 예수님의 제자들은 하나님 아버지의 자비하심과 같이 자비로와야 한다고 말씀하십니다. 그 자비로움의 구체적인 단계로 먼저 다른 사람들을 비판하거나 정죄하지 말라고 하십니다. 그리고 오히려 상대방의 허물을 덮고 용서하고 기꺼이 나누는 삶을 살라고 하십니다. 여기서 중요한 것은 예수님의 제자들은 하나님과 같이 자비로와야 한다는 것입니다. 그 기준이 정말 높습니다. 우리는 보통 어느정도 다른 사람과 비교해서 조금 관용하고 베푸는 삶을 살면 그것으로 만족합니다. 그러나 예수님의 제자들은 하나님이 완전하신 것처럼 '완전한' 삶을 추구해야 합니다. 우리 신자들의 삶의 기준은 이와 같이 높고 탁월해야 합니다.

I. 비판하고 정죄하지 말라

여기서 비판이란 다른 사람들의 약점이나 허물 또는 죄를 드러내고 더 나아가 정죄하고 인격적인 살인을 하는 것을 말합니다. 그러면서 말로는 진실을 밝혀서 더 좋은 사회를 만든다고 합리화합니다. 그러나 이 비판이나 정죄는 하나님의 주권에 대한 도전입니다. 하나님만이 사람들의 죄를 묻고 심판할 수 있습니다. 그러므로 누구든지 다른 사람들을 비판하고 정죄한다면 그는 스스로 하나님의 자리에 올라 있는 것입니다.

만약 누군가가 다른 사람들의 허물이나 죄를 용서하지 않는다면 그는 아직 그리스도의 용서와 사랑을 진정으로 체험하지 못했을 가능성이 매우 큽니다. 그가 헤아리는 그 잣대로 그 자신도 헤아림을 받을 것입니다. 우리 인간들은 누구나 잘못을 하고 실수를 합니다. 따라서 우리는 서로를 불쌍히 여기고 용서하고 관용해야 합니다.

II. 주고 용서하라

> "주라 그리하면 너희에게 줄 것이니 곧 후히 되어 누르고 흔들어 넘치도록 하여 너희에게 안겨 주리라."

> "용서하라 그리하면 너희가 용서를 받을 것이요."

이것이 하나님 나라의 가치관이요 법도입니다. 우리가 이 생명의 법대로 산다면 우리는 참 평강과 기쁨을 누리게 될 것입니다. 예수님의 십자가가 우리의 삶의 기준이 되어야 합니다. 성령님의 내주하심과 다스리심을 받아 인간의 본성을 거스려 예수님의 가르치심을 내 삶의 척도로 삼을 때 풍성한 삶을 누리게 될 것입니다. 우리의 배에서 생수의 강이 넘쳐날 것입니다. 은혜 위에 은혜를 더하는 삶을 누리게 될 것입니다.

마음에 선을 쌓아라

누가복음 6:39–49

예수님의 제자들은 리더입니다. 영적인 지도자들입니다. 리더가 눈이 멀어서 앞을 바로 보지 못하면 그가 인도하는 백성들이 다 구덩이에 빠지게 됩니다. 그래서 리더의 역할이 중요합니다. 예수님은 이 때문에 열두 제자를 부르시고 그들이 바르고 눈이 밝은 지도자들이 되도록 가르치십니다. 그들은 예수님의 제자들이지만 후에는 예수님과 같은 인류의 선생이요 지도자가 되어야 합니다. 그러면 그들이 어떻게 이같은 지도자가 될 수 있을까요?

I. 지도자는 스스로를 가르쳐야 합니다

범부는 상대방의 눈 속에 있는 티는 보면서 자기 눈 속에 있는 들보는 보지 못합니다. 그러면서 그들은 상대방을 비방하고 그들의 허물을 크게 들추어 냅니다. 그러나 영적인 지도자는 먼저 자신의 눈 속에 있는 들보를 빼고 밝히 보아야 합니다. 그런 다음 형제의 눈 속에 있는 티를 뺄 수 있습니다. 그렇지 않으면 외식하게 됩니다. 위선자가 될 수 밖에 없습니다. 지도자는 백성을 가르치기 전에 자신 스스로를 먼저 가르쳐야 합니다. 배우지 않고 가르칠 수 없습니다. 훌륭한 선생은 끊임없이 배우는 사람입니다.

II. 지도자는 좋은 나무가 되어야 합니다

"Ende gut, Alles gut."이라는 독일 속담이 있습니다. 모든 것은 마지막까지 지켜보고 사람과 일의 마지막 열매를 보아야 한다는 것입니다. 처음에는 잘 시작하지만 결국 마지막에는 욕심과 허영으로 교만으로 넘어지는 사람들이 너무 많습니다. 왜 그럴까요? 예수님께서는 좋은 나무가 되어야 한다고 말씀하십니다. 뿌리가 좋아야 한다는 말씀이십니다. 마음 속에 선을 쌓아야 합니다. 결국은 마음 속에 들어 있는 것이 겉으로 나오게 되기 때문입니다. 지도자는 마음 속에 있는 악을 계속 걸러내고 선으로 채워야 합니다. 유일한 선이신 하나님의 말씀으로 채워져야 합니다.

III. 지도자는 행하는 사람입니다

지도자는 말만 하지 않고 실제로 행하는 사람입니다. 예수님의 말씀을 듣고 깨닫고 행할 때 우리는 그 말씀이 진리임을 경험하게 됩니다. 그렇게 지어진 집은 주춧돌을 잘 놓은 집과 같이 쉽게 넘어지지 않습니다. 그래야 백성들이 마음으로 따라오게 됩니다. 말로만 하는 종교생활이 아니라 삶의 예배를 드리는 자들이 진정한 지도자들입니다.

L U K E

로마 백부장의 '이만한' 믿음

누가복음 7:1-10

예수님께서 모든 말씀을 백성에게 들려주시기를 마치신 후에 가버나움으로 들어가셨습니다. 가버나움은 예수님께서 가장 많은 사역을 하신 곳입니다. 거기에 어떤 백부장이 있었는데 그의 사랑하는 종이 병들어 죽게 되었습니다. 백부장은 로마의 군인입니다. 오늘날 우리식으로 말하면 대위 정도의 계급이라 할 수 있겠습니다. 식민지를 다스리는 로마의 주둔군으로 그 지역의 치안을 담당하는 실질적인 지배자라 할 수 있겠습니다. 우리가 잘 아는대로 군대는 잔인하고 엄격한 조직입니다. 명령으로 움직이는 조직입니다. 더구나 점령국가를 담당하는 로마의 군인들은 독립을 추구하는 유대 백성들을 향해 매우 냉혹할 수밖에 없었을 것입니다. 그런데 오늘 본문의 백부장은 다릅니다.

I. 백부장의 사랑

이 백부장에게 종이 있었는데 병이 들어 죽게 되었습니다. 처음에는 의원들을 불러 진료를 받아 보았을 것입니다. 그런데 아무 진전이 없자 그는 유대인의 장로 몇 사람을 예수님께 보내어 그 종을 구해 주시기를 청했습니다. 그는 그의 종을 사랑했습니다. 그 당시 종은 물건이나 짐승처럼 취급되어 병들어 쓸모없게 되면 그냥 버리면 그뿐이었습니다. 그런데 이 백부장은 그의 종을 살리기 위해 모든 수고를 아끼지 않았습니다. 그뿐만이 아닙니다. 그는 식민지 국가의 백성들을 사랑해 그들의 종교 집회 처소인 회당까지 지어주었습니다. 그에게는 사람을 존중하고 사랑하는 따뜻한 마음이 있었습니다. 하나님은 사랑이십니다. 그러므로 사랑하는자는 하나님을 알게 됩니다. 그는 하나님 나라에서 멀지 않습니다.

II. 백부장의 겸손과 믿음

그의 사랑이 예수님을 감동시켜 예수님은 그의 청을 들어주기 위해 유대의 장로들과 함께 그 백부장의 집으로 가셨습니다. 거의 다 와 가는데 또 백부장은 그의 친구들을 보내어 다음과 같이 말했습니다.

> "주여 수고하지 마옵소서 내 집에 들어오심을 나는 감당하지 못하겠나이다 … 말씀만 하사 내 하인을 낫게 하소서. …"

예수님은 그의 겸손과 말씀에 대한 믿음을 보시고 경탄하셨습니다. 그리고 그를 높이 칭찬하셨습니다.

> "이스라엘 중에서도 이만한 믿음을 만나보지 못하였노라."

그는 말씀의 권위를 믿었습니다. 그는 질병의 세계를 다스리시는 예수님과 그 말씀의 권위를 인정했습니다. 예수님은 우리의 사랑과 믿음을 기뻐하십니다. 특히 눈에 보이는 것보다 말씀을 믿는 믿음을 매우 기뻐하십니다.

청년아 일어나라

누가복음 7:11-17

예수님께서 나인이란 성으로 가셨습니다. 제자들과 많은 무리들이 예수님을 따랐습니다. 성문에 가까이 이르실 때에 사람들이 한 죽은 자를 매고 나왔습니다. 그 죽은 자는 한 과부의 독자였습니다. 그 당시 과부에게는 이 아들이 유일한 생존의 근거요, 살아야 할 소망이었을 것입니다.

I. 울지 말라

주께서 이 과부를 보시고 불쌍히 여기셨습니다. 그리고 그녀에게 "울지 말라."고 말씀하셨습니다. 우리 주님 예수님은 마지막 소망까지 끊어진 과부에게 긍휼을 베푸십니다. 그리고 그녀에게 삶의 기쁨을 다시 주고자 하십니다. 그녀의 눈물을 계수하시며 그 눈에서 슬픔과 절망의 눈물을 닦아 주십니다. 상한 갈대를 꺾지 아니하시며 꺼져가는 등불을 끄지 아니하시는 하나님의 사랑을 나타내십니다. 예수님은 우리를 위로하시는 위로의 하나님이십니다(고린도후서 1:3). 우리의 마지막 희망이 사라질 때 우리를 소망과 사랑으로 회복시키시는 긍휼의 주님이십니다.

그 과부의 슬픔을 위로하실 뿐만 아니라 실제로 그 죽은 청년을 죽음에서 살려내십니다. 예수님께서 죽은 자의 관에 손들 대시며 말씀하셨습니다.

"청년아 내가 네게 말하노니 일어나라."

이 엄청난 말씀을 하시는 예수님은 누구십니까? 예수님은 우리의 생명을 창조하신 창조주 하나님이십니다. 또 우리의 삶과 죽음, 모든 만물을 다스리시는 주권자이십니다. 우리가 사는 세상은 죽임이 다스리는 어두움의 세상입니다. 그러나 예수님께서 다스리시는 하나님 나라는 생명이 다스리는 빛의 나라입니다. 이 나라에서 모든 청년들은 절망의 관에서 나와 일어나 하나님의 일을 힘차게 해야 합니다.

우리가
다른 이를 기다리오리이까?

누가복음 7 : 18–20

예수님께서 죽은 청년을 살리신 후에 그 소문이 온 유대와 사방에 퍼졌습니다. 모든 사람이 두려워하며 하나님께 영광을 돌렸습니다. 그들은 큰 선지자가 우리 가운데 일어나셨다 하기도 하고 또 하나님께서 자기 백성을 돌보셨다 하며 놀랐습니다.

그런데 불과 얼마 전까지만 해도 백성들 가운데 큰 영향을 미쳤던 세례 요한은 차가운 감옥에서 죽기를 기다리는 상황에 처해 있었습니다. 그도 아무런 잘못한 것이 없이 단지 헤롯 왕이 자기의 동생의 아내 헤로디아를 취한 것을 책망한 이유로 억울한 옥살이를 하고 있었습니다. 이런 불의한 세상에 대해서 예수님은 별 말씀이 없으시고 묵묵히 말씀을 가르치시고 병자를 고치시며 귀신을 쫓으시며 하나님 나라의 복음을 전파하셨습니다. 이러한 배경 가운데 세례 요한은 자신의 제자들을 예수님께 보내어 다음과 같은 질문을 하게 했습니다.

> "오실 그이가 당신이오니이까 우리가 다른 이를 기다리오리이까?"

이 질문은 만약 당신이 하나님의 아들이요, 메시아라면 왜 이런 세상의 불의를 보고만 계십니까? 하는 질문과 같습니다. 세례 요한뿐 아니라 우리도 같은 질문을 자주 합니다. 왜 신자들이 또는 의인들이 불의한 세상에서 고난을 당해야만 합니까? 이 질문은 인간이 살아온 이후 계속되는 절규요 아픔의 외침입니다. 심지어 우리 주님도 십자가 상에서 "하나님, 하나님, 어찌하여 나를 버리시나이까?" 하고 절규하셨습니다.

세례 요한은 광야의 선지자였습니다. 그는 제사장으로서 살 수 있는 특권을 버리고 광야에서 메뚜기와 석청을 먹으며 약대 털옷을 입고 살았습니다. 그는 자기에게 나아오는 백성들에게 회개의 메시지를 전하고 세례를 베풀었습니다. 수많은 사람들이 그에게 나아와 회개하고 세례를 받았습니다. 그는 예수를 하나님의 어린 양이라고 전파했습니다. 그럼에도 불구하고 그는 차가운 감옥에서 영적으로 피곤해지고 낙심되어 의심의 질문을 예수님께 던지고 있습니다.

"우리가 다른 이를 기다려야 합니까?"

이렇게 큰 하나님의 종에게도 의심의 때가 있습니다. 엘리야도 호렙산에서 죽기를 간구했습니다. 그러나 이러한 위기의 순간에 주께 나오는 것이 중요합니다. 주께 질문하는 것이 중요합니다. 예수님은 이러한 의심과 절망의 질문을 무시하지 않으십니다. 나를 있는 모습 그대로 받아 주십니다. 우리의 작은 믿음과 의심을 받으시는 주님을 찬송합니다.

나로 말미암아 실족하지 말라

누가복음 7:21-23

우리가 다른 메시아를 기다려야 합니까? 이 질문에 대해 본문 7장 21, 22절을 통해서 예수님은 세례 요한에게 답을 주십니다.

I. 구약의 예언된 하나님의 말씀을 성취하신 메시아

세례 요한의 질문에 맞는 답을 주시기 위해서 마침 그때에 맞춰서 예수님께서는 치유와 축사의 기적을 베푸셨습니다. 그리고 예수님은 세례 요한 제자 둘에게 말씀하십니다. 너희가 가서 보고 들은 것을 세례 요한에게 전하라. 예수님은 스스로 구약의 예언을 성취하신 메시아이심을 증거하고 계십니다. 22절에는 여섯 가지의 증거를 소개하고 있습니다. 그 가운데 처음 나오는 네 가지 기적은 이사야서에 예언된 하나님의 말씀의 성취입니다. 즉 이사야서 35장 5-6절 말씀의 성취입니다.

> "그때에 맹인의 눈이 밝을 것이며 못 듣는 사람의 귀가 열릴 것이며 그때에 저는 자는 사슴 같이 뛸 것이며 말 못하는 자의 혀는 노래하리니 이는 광야에서 물이 솟겠고 사막에서 시내가 흐를 것임이라."

예수님은 여기서 의도적으로 자신이 로마제국의 압제로부터 이스라엘을 해방시킬 그리고 다윗 왕국을 회복시켜 이스라엘의 번영를 가져다줄 정치적 메시아가 아님을 분명하게 말씀하시고 계십니다. 이사야서 61장 1절의 말씀 즉, 포로된 자에게 자유를 주신다는 오해의 소지가 있는 이 말씀을 여기서는 전혀 인용하지 않고 계십니다.

II. 실족하지 말라

예수님은 오히려 경제적으로 궁핍한 사람들, 부와 권력을 가진 사람들에게 착취당하는 그런 가난한 사람들에게 복음을 전파하는 메시아이심을 증거하고 있습니다. 다시 말해서 고난받는 메시아, 고난받는 하나님의 백성과 함께하시는 메시아이심을 말씀하고 계십니다. 여기서 우리는 내 생각에 따라 메시아를 정해 놓고 그런 메시아를 따르는 것을 부인하고 하나님의 말씀 앞에서 내 꿈과 내 욕심을 내려놓아야 한다는 것을 배웁니다. 내 생각과 내 뜻을 내려놓고 겸손히 하나님의 말씀 앞에 굴복하면 하나님의 뜻이 이루어질 것입니다. 그리고 끝까지 인내하며 하나님의 카이로스를 기다려야 합니다. 의심 때문에 중간에 포기하고 실족하지 말아야 합니다.

요한에 대한 예수님의 증거

누가복음 7:24-35

요한이 보낸 제자들이 떠난 후에 예수님께서 무리에게 요한에 대해 말씀하셨습니다. 그의 역사적, 시대적 사명에 대해 말씀해 주셨습니다.

I. 여자가 낳은 자 중 가장 큰 선지자

사람들은 요한을 보기 위해 광야로 나아갔습니다. 왜 그랬을까요? 그들은 요한에게서 다른 사람에게서는 볼 수 없는 것을 보았기 때문입니다. 요한은 화려한 옷을 입지도 않았고 감미로운 심리 상담을 하지도 않았습니다. 그는 다만 '광야에서 외치는 자의 소리'로 하나님의 말씀을 전하고 오실 메시아의 길을 준비하는 주의 사자였습니다. 말라기 선지자 후에 약 400년간 하나님의 말씀을 전하는 선지자가 없었습니다. 그런데 세례 요한은 그 암울한 시대에 나타나 메시아가 오신다고 선포하며 우리는 그의 길을 준비해야 한다고 가르쳤습니다. 회개로써 우리의 마음을 돌이켜 하나님의 은혜를 받을 준비를 해야 한다고 외쳤습니다. 예수님께서는 요한을 여인이 낳은 자 중 가장 큰 자라고 극찬하셨습니다. 그의 시대적 역사적 사명과 그 사명을 수행하는 그의 순교자적 자세가 그를 그렇게 큰 위대한 하나님의 종으로 만들었습니다.

II. 하나님 나라에 지극히 작은 자

요한은 율법의 시대를 마감하고 은혜의 시대를 여는 위대한 선구자였습니다. 예수님도 그것을 인정하셨습니다. 그러나 예수님은 하나님 나라에서는 지극히 작은 자라도 요한보다 더 큰 자라고 말씀하시며 예수님의 은혜를 덧입고 하나님 나라에 들어온 소자 한 사람이 얼마나 소중한지 말씀해 주십니다. 우리의 가치는 예수님의 피와 살보다 더 큰 것입니다. 지극히 작게 보이는 교회 안에 형제자매가 하늘과 땅의 주인이신 예수님께서 자기의 피로 사신 존귀한 존재임을 알아야 합니다. 이 가치는 무한대이기 때문에 비교가 불가합니다. 어떤 것도 이 예수님의 은혜보다 더 큰 것은 없습니다.

바리새인과 율법 교사, 그리고 무리들은 자신을 위한 하나님의 뜻을 저버리며 세례 요한도, 예수도 비방합니다. 그러나 지혜로운 자는 하나님의 은혜를 받아 영접하는 자들입니다.

향유를 예수님의 발에 부은 죄를 지은 한 여자

누가복음 7:36-38

시몬이라고 하는 한 바리새인이 예수님을 자기 집에 초청했습니다. 예수님은 그 초청에 응하셔서 그 집에 들어가 앉으셨습니다. 그때 그 동네에 죄를 지은 한 여자가 예수님께서 바리새인의 집에 있는 것을 알고 향유 담은 옥합을 가지고 예수님께 나아왔습니다.

I. 죄를 지은 한 여자

그녀가 무슨 죄를 지었는지는 분명치 않습니다. 아마도 그녀는 창녀였는지도 모릅니다. 여하튼 그녀는 스스로도 용서받을 수 없는 죄인이라는 것을 잘 알고 있습니다. 안식일마다 회당에서 바리새인들의 설교를 들을 때, 이 여인은 자신의 과거와 지금의 처지를 생각하면서 도무지 살아갈 힘을 가지지 못합니다. 자신의 가슴을 온통 난도질하고 짓누르는 정죄의 말들을 너무나 견디기 어려웠을 것입니다. 이 세상에서도 자신의 모습이 이렇게 비참할 뿐만 아니라, 죽어서나마 좋은 곳에 갈 수 있다는 소망조차 가져보기가 힘듭니다. 귀신이 안들래야 안들 수 없지 않겠습니까? 사람이 이런 상태에서 어떻게 제대로 살아갈 수 있겠습니까?

그 동네 마을 사람들은 그녀를 배척하고 냉대하였지만 주님은 분명히 그녀를 눈에 넣어도 아프지 않은 이쁜 막내딸처럼 바라보셨습니다.

> "내가 너로 인하여 기쁨을 이기지 못하겠구나. 너를 잠잠히 사랑하며 너로 말미암아 즐거이 부르며 기뻐하노라"(스바냐 3:17).

> "내가 의인을 부르러 온 것이 아니라 죄인을 부르러 왔노라"(누가복음 5:32).

여인은 그 주님의 음성을 듣고 사랑을 확인한 후에 가만히 있을 수가 없었습니다. 가슴에서 너무나 뜨거운 것이 치솟았습니다. 그래서 자신이 가진 것 중에 가장 귀한 것인 향유를 담은 옥합을 가지고 예수님께 나아와 예수님의 발을 눈물로 적시고 그 발에 입맞추고 향유를 부었습니다.

이 감사와 사랑의 행위는 그녀의 회개와 믿음을 보여줍니다. 오늘 본문은 바리새인과 죄 많은 여인을 비교하고 있습니다. 누가 더 하나님의 마음에 합한 사람일까요?

이는
그의 사랑함이 많음이라

누가복음 7:39-50

예수님을 집으로 초청한 바리새인 시몬은 죄를 지은 한 여인의 돌발적 행동과 또 그녀를 수용하는 예수님이 불편했습니다. 그는 속으로 생각했습니다.

> “이 사람이 만일 선지자라면 자기를 만지는 이 여자가 누구이며 어떠한 자 곧 죄인인 줄을 알았으리라.”

이런 생각을 하는 것을 예수님께서 아시고 시몬에게 이를 말이 있다고 하시며 이 여인에 대한 예수님의 관점을 말씀해 주셨습니다.

I. 죄 사함과 사랑

먼저 예수님은 시몬에게 물으셨습니다.

> “오십 데나리온을 빚진 자와 오백 데나리온을 빚진 자가 둘다 그 빚에 대한 탕감을 받았을 때 누가 더 탕감을 해준 자를 사랑하겠느냐?”

시몬은 "빚을 더 많이 탕감을 받은 자가 그럴 것입니다."라고 대답했습니다. 그러자 예수님은 시몬과 이 여인을 비교해서 말씀하셨습니다. 시몬은 예수님께 기본적인 예의라 할 수 있는 발 씻을 물도 주지 않았지만, 이 여인은 자기를 낮춰 예수님의 발을 눈물로 씻었습니다. 시몬은 예수님을 맞이하면서 형식적인 입맞춤도 하지 않았지만, 이 여인은 예수님의 발에 입 맞추기를 그치지 않았습니다. 시몬은 예수님의 머리에 인사치레로 할 수 있는 감람유도 붓지 않았지만, 이 여인은 예수님의 발에 값비싼 향유를 부었습니다. 이 얼마나 큰 대조입니까? 얼마나 큰 차이입니까? 그러면 이 차이가 왜 중요할까요? 그 이유에 대해서 예수님이 말씀하십니다.

> "이러므로 내가 네게 말하노니 그의 많은 죄가 사하여졌도다 이는 그의 사랑함이 많음이라 사함을 받은 일이 적은 자는 적게 사랑하느니라."

물론 사랑은 죄 사함의 원인이 아닙니다. 오히려 죄 사함의 결과입니다. 이 여인은 하나님의 은혜를 크게 덧입었습니다. 그래서 예수님을 더 뜨겁게 사랑했습니다.

II. 구원과 믿음, 평안

예수님은 여인에게 네 죄 사함을 받았느니라 하시며 죄 사함을 선포하셨습니다. 또한 네 믿음이 너를 구원하였으니 평안히 가라 하시며 그에게 구원의 징표인 평안을 선물하셨습니다. 이제 그녀도 당당한 하나님의 딸로서 평강을 누리고 구원의 삶을 누릴 수 있습니다. 누구든지 예수님 안에 있으면 정죄함이 없습니다. 아멘!

L U

K E

두루 다니시며

누가복음 8:1-2a

오늘 본문은 주님께서 공생애 동안에 복음을 선포하시던 모습이 잘 그려져 있습니다. 먼저 복음을 전하던 장소와 방법을 기록하고 있습니다. 주님은 한곳에 머물러 계시지 않았습니다. 어떻게 해서든지 한 사람이라도 더 복음을 들을 수 있도록 직접 찾아가셔서 복음을 전하셨습니다.

"각 성과 마을에 두루 다니시며"

이것이 하나님의 지극하신 사랑이요, 하나님의 방법입니다. 하나님은 지금도 찾아 다니시는 선교의 하나님이십니다(Missio Dei). 그래서 모든 믿는 자들은 복음을 받을 준비가 되어있는 하나님의 택하신 백성들에게 복음을 전하기 위해 한곳에 가만히 앉아 있을 수 없습니다. 찾아다녀야 합니다. 이것이 복음을 전하는 방법이요, 하나님의 사랑을 받은 자로서 마땅히 또 전해야 하는 사랑의 표현입니다. 전도의 미련한 것으로 복음은 전파됩니다.

예수님께서는 복음을 전하실 때 제자들과 함께 다니셨습니다. 제자들과 그룹을 이루어서 제자들에게도 복음을 전하는 훈련을 하심과 동시에

복음을 받은 이들에게 혼자가 아니라 공동체임을 전한 것입니다. 하나님 나라의 근본 속성인 공동체를 전하는 것이요, 가르침과 배움의 방법을 전하신 것입니다. 바울도, 제자들도 홀로 다닌 경우가 거의 없습니다. 복음을 전할 때, 전도를 위해 여행을 떠날 때 할 수 있는 대로 함께 다닐 수 있어야 합니다. 그것은 가르침과 배움의 길에서 가장 좋은 본보기이기도 하며, 또한 하나님을 믿는 자들의 공동체의 특성을 함께 전하는 최고의 방법이며, 성도의 교제와 관계성을 가르치는 가장 좋은 방법입니다.

2절은 복음이 전해지면 당연하게 일어나는 역사들이 기록되어 있습니다. 성부, 성자, 성령의 삼위일체 하나님께서 빛으로 생명으로 역사하실 때는 어둠의 권세, 질병, 귀신들이 떠나가게 되어 있습니다. 병이 고침을 받고, 귀신들이 쫓겨나고, 관계가 회복되며, 사랑이 넘치는 변화는 하나님의 진리의 복음, 빛의 복음, 생명의 복음이 들어가는 곳에는 당연히 이어지는 성령의 능력의 역사입니다. 하나님 나라는 역동적입니다. 말씀이 전파되고 그 말씀이 능력으로 사람들의 마음과 환경을 변화시키는 축제의 연속이 바로 하나님 나라입니다.

다른 여자들도 함께하여

누가복음 8:2b-3

예수님께서 하나님 나라의 복음을 전하셨습니다. 이를 위해서 두루 다니시며 한 사람 한 사람, 한 마을 한 마을 이렇게 인격적으로 복음을 전했습니다. 복음은 변화의 능력이 있어 가난하고 병들고 귀신들린 사람들에게 회복과 해방의 기쁨을 주었습니다.

I. 막달라인이라고 하는 마리아

예수님의 전도여행은 최소한 13명의 전도여행이었습니다. 이 전도여행을 위해서 머물 숙소가 필요했습니다. 또 젊은 성인 남자 13명이 먹을 것도 필요했습니다. 이들을 위해 보이지 않는 돕는 손길들이 있었습니다. 하나님은 전도자들을 결코 버려두시지 않습니다. 전도자들이 전도에 전념할 수 있도록 전도자들의 육신의 필요를 채워주는 돕는 자들을 보내어 주십니다. 그중에 마리아라고 하는 여인이 있었습니다. 그녀는 본문에 보면 일곱 귀신이 들렸던 자라고 기록되어 있습니다. 얼마나 많은 고통과 슬픔 속에 살았는지 짐작해 볼 수 있습니다. 예수님께서 그녀를 귀신의 저주에서 해방시켰습니다. 정죄와 운명의 한탄 속에 살던 그녀에게 삶의 희망과 기쁨을 회복시켜 주셨습니다. 이런 은혜를 받고 다시 살게 된 마리아는 예수와 그 제자들을 물질과 노동으로 섬기는 복음의 동역자가 되었습니다.

II. 구사의 아내 요안나, 수산나

그런 여인들 중에는 헤롯의 재정을 맡은 구사의 아내 요안나도 있었고 수산나, 또 수많은 다른 여인들도 있었습니다. 이들은 그들의 소유로 예수와 그 제자들을 섬겼습니다. 성경은 이런 자들을 존귀하게 여기라고 말씀합니다. 예수님의 복음이 전파되는 곳에는 언제나 이렇게 자원함으로 기쁨과 즐거움으로 행하는 희생과 헌신의 동역자들이 있음을 기억해야 합니다. 누가는 놀랍게도 여자들의 이름을 기록합니다. 주 안에는 남자나 여자나 이방인이나 유대인이나 모두 쓰임받을 수 있습니다. 이것이 하나님 나라의 역사이며 방법입니다. 모두 함께 공동체로 자신들의 역할을 성실히 수행하면서 하나님 나라를 이루어가야 합니다.

들을 귀 있는 자는 들을지어다

누가복음 8:4-10

각 동네 사람들이 예수님께 나아와 큰 무리를 이루었습니다. 예수님께서는 그들에게 비유로 말씀하셨습니다. 비유로 말씀하신 뜻과 이유가 무엇일까요?

I. 생활 속의 언어로 말씀하셨습니다

예수님은 말씀하실 때 복잡하고 이해하기 힘든 철학적인 언어를 사용하지 않으셨습니다. 항상 그 당시 농경 사회에서 누구나 쉽게 알아들을 수 있는 자연의 법칙이나 인간 관계에서 자주 발생하는 어떤 일들을 예로 사용하시면서 아주 평범하게 하나님 나라의 복음을 설명하셨습니다. 다시 말하면 '저잣거리'의 언어로 말씀하셨습니다. 예수님께서는 인류의 위대한 스승이시지만 우리의 이웃이나 친구와 같은 생각과 말을 사용하셨습니다. 가장 위대한 스승은 가장 쉽게 설명하시는 분이십니다. 예수님 안에서 하늘과 땅이 통일됩니다(에베소서 1:10).

II. 하나님 나라의 비밀을 말씀하셨습니다

이렇게 쉽게 알아들을 수 있는 언어로 비유로 말씀하시는 면도 있지만 다른 측면에서는 비밀을 말씀하신 면도 있습니다. 9절에 보면 제자들이 비유의 뜻을 물었다고 되어 있습니다. 이에 대해 예수님은 이렇게 대답해 주셨습니다.

> "하나님 나라의 비밀을 아는 것이 너희에게는 허락되었으나 다른 사람에게는 비유로 하나니 이는 그들로 보아도 보지 못하고 들어도 깨닫지 못하게 하려 함이라."

하나님 나라의 비밀은 질문하는 자, 즉 간절히 그 뜻을 알기를 원하는 자에게만 열려있다는 것입니다. 자신의 삶과 세상에 대해서 말초적인 것들만 추구하지 않고 생각하고 영원의 가치를 찾는 구도자들에게만 이 비밀이 열려있다는 말입니다. 여러 어려움 속에서도 제자의 길, 십자가의 길을 가는 자는 영광의 비밀을 알게 된다는 말입니다. 그래서 예수님은 말씀하십니다.

> "들을 귀 있는 자는 들을지어다."

요한복음 7장 17절은 사람이 하나님의 뜻을 행하려 하면 이 교훈이 하나님께로부터 왔는지 알게 된다고 말씀합니다.

씨와 마음 밭의 비밀

누가복음 8:11-15

비유의 의미를 묻는 제자들에게 예수님은 그 뜻을 자세하게 설명해 주셨습니다.

I. 씨는 하나님의 말씀이요

씨는 생명을 간직하고 있습니다. 물론 씨가 발아하고 뿌리를 내리고 줄기와 잎을 내고 꽃을 피우고 마침내 열매를 맺는 과정을 거쳐야 하지만 이미 씨 안에는 생명에 필요한 모든 것이 들어있습니다. 하나님의 말씀은 힘이 있고 운동력이 있습니다. 하나님 나라는 이 씨를 뿌리는 것으로 시작합니다. 그런데 이 씨가 그 목적대로 열매를 맺기 위해서는 좋은 땅에 뿌려져야 합니다.

II. 길 가, 바위, 가시떨기

길 가에 씨가 뿌려졌다는 것은 말씀을 그냥 피상적으로 듣고 즉시 잊어버렸다는 것을 의미합니다. 예수님은 마귀가 그 말씀을 빼앗아 버렸다고 설명합니다. 바위에 뿌려진 씨는 말씀을 받을 당시에는 기쁨으로 받으나 뿌리를 내리지 못함을 말합니다 시련과 고난을 이겨내지 못하는 것을 의미합니다. 가시떨기에 떨어졌다는 것은 말씀을 듣고 한동안 신앙생활을 하는 것 같으나 이생의 염려와 재물과 향락에 기운이 막혀 온전히 결실하지 못하는 마음을 가진 사람들을 의미합니다.

III. 좋은 땅

씨가 좋은 땅에 뿌려지면 때가 되면 열매를 맺게 됩니다. 이처럼 말씀이 좋은 마음밭에 떨어지면 말씀을 듣고 지키어 인내로 결실하게 됩니다. 여기서 우리는 듣는 마음, 지키는 마음, 인내하는 마음이 중요함을 알 수 있습니다. 사도행전 17장 10절에서 15절의 베뢰아 사람들처럼 말씀을 경청하고 묵상하고 연구하여 말씀을 경외함으로 받는 자세를 가질 때 믿음을 가지게 되고 성령의 열매들을 맺어가게 됩니다. 그런 사람들은 100배의 열매를 맺고 많은 사람들을 복되게 합니다.

등불은 등경 위에

누가복음 8:16–18

예수님은 계속해서 등불의 비유를 말씀하십니다. 등불을 켜서 뚜껑을 덮거나 침대 아래에 두는 사람은 없습니다. 이 비유 자체는 아주 단순하고 당연한 이야기입니다. 예수님은 당시 문화 속에서 너무나 당연한 사실을 들어 영적인 의미를 설명하려고 등불에 대해 이야기하셨습니다. 과거에 사용하던 호롱불과 비슷합니다. 토기 안에 기름을 채워 심지를 넣고 불을 밝히는 도구입니다. 램프, 형광등처럼 사용했던 것입니다. 여기서 말하는 그릇은 조명을 끄는 도구였습니다. 평상은 동양식 주택의 침대입니다. 등경은 등불을 올려두는 촛대입니다.

등불은 무엇일까요? 하나님의 진리의 말씀을 세상 사람들에게 선포하는 사람들이나 도구를 말합니다. 세례 요한이 그러했고 하나님이 세우신 선지자들과 예수님, 하나님의 말씀인 성경이 그러한 역할을 하고 있습니다. 특별히 예수님은 등불이시자 참 빛 자체이셨습니다. 예수님은 모든 것을 밝히는 빛이십니다. 그러므로 예수 안에 있으면 언젠가 모든 것을 밝히 알게 됩니다. 하나님 나라 은혜의 비밀이 드러납니다. 반면에 우리의 모든 어두운 죄들도 드러납니다. 이때에 우리는 이 등불을 꺼버리고 싶은 본성이 있습니다. 더 이상 진리의 말씀을 듣고 싶지 않습니다. 그러나 그렇게 한다면 그것은 너무나 어리석은 짓입니다.

예수님은 너희가 어떻게 들을까 스스로 삼가라고 말씀하십니다. 우리는 하나님의 말씀을 들을 때 그 말씀이 우리의 죄를 지적하고 회개를 촉구하여 비록 아프지만 주의해서 삼가 들어야 합니다.

학생은 공부를 할수록 점점 더 많은 것을 배울 수 있지만, 계속해서 공부하지 않는다면 자신이 가진 지식마저도 잃어버릴 것입니다. 이것을 다른 말로 한다면 인생에는 정지상태가 없다는 말이 됩니다. 항상 우리는 진보하든지, 퇴보하든지 둘 중 하나의 상태에 있습니다. 무엇인가를 추구하는 자는 언제나 찾게 되지만 추구하기를 그만두는 자는 가진 것마저도 잃게 될 것입니다. 우리의 생각이나 본성대로 말씀을 덮어버리지 않고 등경 위에 두고 그 말씀대로 살면 우리의 인생도 밝아지고 또 세상을 밝히는 작은 등불이 될 것입니다.

예수님의 참 가족

누가복음 8:19–21

예수님의 어머니와 그 동생들이 예수님을 보기 위해 왔습니다. 여기서 누가는 그 동기를 밝히지는 않고 있습니다. 그러나 마가복음에 보면 그들은 예수님이 미쳤다고 생각하고 집으로 데리고 올 계획이 있었다고 합니다 (마가복음 3:21).

I. 예수님의 육신의 가족

그 당시 유대 사회에서 가족은 가장 강력한 사회적인 관계였습니다. 한 가족의 아버지가 죽으면 그 가정의 장남이 가족에 대한 책임을 지게 되어 있었습니다. 예수님은 요셉과 마리아의 장남이셨고, 아마도 요셉은 세상을 떠났을 것으로 추정됩니다. 따라서 예수님은 그 가정을 책임지는 위치에 있었습니다. 그런데 예수님은 30세가 되자 메시아로서의 공생애를 시작하셨습니다. 자신의 모든 시간을 설교와 치유, 제자 양성에 드렸습니다. 육신의 가족으로서는 이해할 수 없는 결정이었습니다. 그들은 예수님이 과대망상증 환자라고 생각했습니다.

청하지 않습니다. 한계상황에 처해야 비로소 예수님 없이는 아무것도 할 수 없다는 우리의 영적인 현실을 깨닫게 됩니다(요한복음 15:5b).

II. 바람과 물결을 꾸짖으신 예수님

만물의 창조자 예수님께서 바람과 물결을 꾸짖자 잔잔해졌습니다. 여기서 우리는 예수님 안에서는 어떠한 어려움도 말씀으로 잔잔하게 됨을 알 수 있습니다. 문제는 광풍이 아니라 예수님이 누구이신지 모르는 것이 문제였습니다. 이렇게 모든 상황을 잔잔하게 한 후에 제자들에게 "너희 믿음이 어디 있느냐?"고 물으셨습니다. 제자들은 앞으로 수많은 고난과 어려움을 이겨내고 교회를 세워 나가야 할 영적인 지도자들이었습니다. 따라서 그들은 하늘과 땅을 지으신 창조주 하나님과 죽음의 권세를 이기신 부활의 주님을 의지하는 믿음이 필요했습니다. 인생의 광풍이 몰려올 때 천지의 주인이신 주님을 믿는 믿음으로 기도하고 인내하면 주께서 모든 상황을 잔잔하게 하시고 모든 지각에 뛰어난 하나님의 평강이 우리의 마음과 생각을 지키십니다(빌립보서 4:7).

네 이름이 무엇이냐?

누가복음 8:26-30

예수님과 제자들은 갈릴리 호수의 광풍을 지나서 거라사인의 땅에 도착했습니다. 예수님께서 육지에 내리시매 한 귀신들린 사람이 예수님께 나와왔습니다. 그 사람은 옷도 입지 않고 무덤 가운데 거하는 광인이었습니다. 그런데 왜 이 사람이 예수님께 나아왔을까요?

I. 나를 괴롭게 하지 마옵소서

이 사람은 집에 거하지도 않고 옷도 입지 않았다고 누가는 기록하고 있습니다. 어쩌면 이 사람은 이 모든 것이 자신을 제한하고 억압하는 것으로 느꼈을 수도 있습니다. 그는 자유를 원했지만 그의 내면은 귀신에 의해 사로잡혀 있었습니다. 그는 예수님께 나아왔습니다. 한편으로는 예수님과 관계를 맺고 싶었습니다. 그러나 다른 한편으로는 엉뚱한 이야기를 합니다. "당신께 구하노니 나를 괴롭게 하지 마옵소서." 예수님의 존재 자체가 그를 괴롭게 했습니다. 여기서 우리는 눈에 보이지 않는 영적인 전쟁을 볼 수 있습니다. 하나님의 영이 계신 곳에서는 귀신의 악령이 힘을 잃고 괴로와하는 것을 볼 수 있습니다.

II. 그 사람에게서 나오라

예수님은 그의 문제가 악령임을 아시고 그 귀신에게 명하여 그 사람에게서 나오라고 말씀하셨습니다. 귀신의 힘이 커서 사람들은 그를 쇠사슬이나 고랑으로도 묶어둘 수가 없었습니다. 그러나 예수님의 말씀 앞에서는 귀신도 순종할 수밖에 없었습니다. 그래서 마지막 발악을 하고 있습니다. 예수님께서는 그에게 물으셨습니다.

"네 이름이 무엇이냐?"

그는 이 질문에 나는 군대라고 대답했습니다. 군대와 같은 많은 악령들이 그를 사로잡고 있었습니다. 예수님은 우리들과 이 세상의 진정한 문제를 아십니다. 피상적으로 보지 않으십니다. 영적인 세계를 아시고 우리를 그 악령의 세계에서 해방하십니다. 우리의 싸움은 혈과 육의 싸움이 아니요 공중의 권세잡은 자들과의 싸움입니다(에베소서 6:12). 그러므로 우리는 말씀의 검으로 무장해야 합니다.

집으로 돌아가 하나님이 네게 행하신 큰 일을 말하라

누가복음 8:31-39

군대와 같이 많고 잔인한 귀신들에게 묶여 있던 거라사 사람을 예수님께서 해방해 주셨습니다. 이를 위해 많은 물질을 희생시키셨습니다. 그리고 그를 한 성의 목자요 선교사로 세우셨습니다.

I. 돼지를 희생시키신 예수님

예수님께서 거라사 사람에게 "네 이름이 무엇이냐?" 물으셨을 때 이 사람은 군대라고 대답했습니다. 다른 복음서에 보면 레기온, 즉 약 6,000명으로 구성된 로마 군대의 사단에 준하는 군대라고 대답했습니다. 예수님은 그 많은 귀신들을 향해 그 사람에게서 나오라고 명령했습니다. 귀신들은 예수님께 제발 자신들을 무저갱으로 들어가라 하지 마시길 청했습니다. 이에 예수님은 그 주위에 있던 돼지 떼에 들어가 돼지들이 호숫가로 뛰어들어 몰살하도록 허락하셨습니다. "왜 그렇게 하셨을까?" 하는 질문이 있습니다. 돼지는 그 지방의 주된 수입원이었습니다. 예수님은 돈보다도 한 사람이 더 귀하다는 것을 보여주신 것 같습니다. 후에 예수님은 한 생명이 온 천하보다 더 귀하다고 말씀하셨습니다(누가복음 9:25).

II. 선교사를 세우신 예수님

거라사 광인은 예수님의 고침을 받고 옷을 입고 정신이 온전하게 되었습니다. 그리고 예수님의 발치에서 듣고 있었습니다. 그 사람은 예수님과 함께하고 싶었습니다. 자기의 고향을 떠나 예수와 함께 살고 싶었습니다. 그러나 예수님은 이를 허락하지 않으셨습니다. 그리고 그를 자신이 살던 마을로 돌려보내며 "집으로 돌아가 하나님이 네게 어떻게 큰 일을 행하셨는지를 말하라."고 하셨습니다. 다시 말하면 그를 그 성의 목회자요 선교사로 세우셨습니다. 그에게 분명한 사명과 인생의 방향을 주셨습니다. 허물과 죄로 죽었던 우리를 살리신 이유는 우리로 하여금 하나님께서 우리에게 행하신 큰 구원의 은혜를 우리 집과 이웃과 더 나아가 땅끝까지 전하며 하나님을 찬양하게 함입니다(베드로전서 2:9).

회당장 야이로의 딸을 살리시다

누가복음 8:40-42; 49-56

예수님께서 거라사 지방에서 돌아오셨습니다. 무리들이 예수님을 환영했습니다. 그들은 예수님께서 계속해서 그들 가운데 기적과 치유를 베풀어 주시기를 기다리고 바랐습니다. 그 가운데 야이로라고 하는 한 회당장이 있었습니다.

I. 두려워하지 말고 믿기만 하라

회당장 야이로에게는 열두 살 된 외동딸이 있었습니다. 그런데 그 딸이 병들어 죽어가고 있었습니다. 그는 그 지방에서는 유력한 종교 지도자였습니다. 그러나 그는 무명의 전도자 예수님께 나아와 자기 집에 가서 그 외동딸을 고쳐주시기를 간청했습니다. 예수님은 아버지의 아픔에 동참하시고 기꺼이 그 집으로 가셨습니다. 그런데 그 도중에 이 아이는 죽고 말았습니다. 사람들이 와서 더 이상 예수님이 오실 필요가 없다고 전해 주었습니다. 이에 예수님은 말씀하셨습니다.

"두려워하지 말고 믿기만 하라 그리하면 딸이 구원을 받으리라."

너희 믿음이 어디 있느냐?

누가복음 8:22-25

어느날 하루 예수님께서 제자들과 함께 배에 오르셨습니다. 그리고 그들에게 "호수 저편으로 건너가자."라고 말씀하셨습니다. 호수 저편은 거라사 지방이었습니다. 그 땅은 본래 그리스의 점령지였으나 당시는 로마의 지배 아래 있었습니다. 그러나 여전히 많은 그리스 사람이 살고 있었습니다. 마가복음에 의하면 저녁이 되어 어둠이 찾아오고 있었습니다. 그들은 다들 피곤했지만 예수님의 말씀에 순종해 노를 저어 호수 건너편으로 갔습니다.

I. 두려워하는 제자들

그들이 행선할 때에 예수님께서는 잠이 드셨습니다. 아마도 많이 피곤하셨던 것 같습니다. 그런데 갑자기 광풍이 호수로 내리치매 배에 물이 가득하게 되어 위태하게 되었습니다. 처음에는 노련한 어부들인 제자들은 별 두려움없이 배를 잘 저어보려 했을 것입니다. 그런데 파도가 넘치고 광풍이 불어 도저히 자신들이 감당할 수 없게 되자 예수를 깨워 이 위태한 사태를 알렸습니다. 그들은 한계상황에 도달해서 예수님께 도움을 청했습니다. 이 제자들과 같이 우리들도 평상시에는 하나님의 도움을 요

II. 예수님의 영적인 가족

가족들이 자신을 찾으러 왔다고 알리자 예수님께서 말씀하셨습니다.

> "내 어머니와 내 동생들은 곧 하나님의 말씀을 듣고 행하는 이 사람들이라."

여기서 우리는 어떻게 하나님의 가족, 즉 하나님의 자녀가 될 수 있는지 알 수 있습니다. 심지어 예수님의 육신의 어머니일지라도 또 그 동생일지라도 자동적으로 하나님의 자녀가 되지 못합니다. 혈통으로나 육정으로 나지 않고 오직 예수님의 이름을 믿고 영접하는 자들만 하나님의 자녀가 될 수 있습니다(요한복음 1:12-13). 이러한 하나님 나라의 가치관을 가질 때 우리는 하나님을 바르게 섬길 수 있습니다. 그리스도 안에서 온 세상 모든 민족을 포용하고 섬기고 사랑할 수 있습니다.

죽음은 모든 것의 종착역입니다. 소망도 사랑도 애착도 더 이상 필요 없는 인간의 한계점입니다. 그러나 예수님은 죽음이 종착역이 아니라고 말씀하십니다. 믿음으로 이 한계를 넘어설 수 있다고 말씀하십니다.

II. 아이야 일어나라

드디어 회당장의 집에 도착하시자 곡하는 소리를 들으시고 "울지말라 죽은 것이 아니라 잔다." 하시며 아이의 부모와 베드로와 요한과 야고보를 데리고 아이가 누워 있는 방으로 들어 가셨습니다. 모든 사람들이 예수님을 비웃었습니다. 그러나 예수님은 아랑곳 하지 않고 그 아이의 손을 잡고 말씀하셨습니다.

"아이야 일어나라."

이에 그 영이 다시 돌아와 아이가 곧 일어났습니다. 예수님은 생명의 주인이십니다. 그래서 예수 안에는 죽음이 없고 안식이 있습니다. 예수님은 부활이요 생명이십니다. 그를 믿는 자는 죽어도 살겠고 살아서 믿는 자는 영원히 죽지 않습니다(요한복음 11:25). 소수 믿음이 있는 자들은 이 예수님의 권세를 볼 수 있습니다.

평안히 가라

누가복음 8:43-48

예수님께서 회당장 야이로의 딸을 살리기 위해 가시던 중 수많은 무리가 밀려들었습니다. 그중에 열두 해를 혈루증으로 앓고 있는 여인이 있었습니다. 그 여인은 오랜 세월동안 많은 수고와 돈을 들여 여인으로서는 수치스러운 병을 고치고자 했습니다. 그러나 매우 유능한 의사들도 그녀의 병을 고칠 수 없었습니다. 외적으로만 아니라 내면적으로도 그녀는 아무에게도 드러내지 못하는 수치와 정죄의 병을 앓고 있었습니다.

그런데 그녀는 예수님께서 자신의 마을로 오신다는 소문을 듣고 예수님께 나아가 치유함을 받고자 했습니다. 그러나 예수를 향해 몰려드는 수많은 사람들로 인해 예수님께 가까이 갈 수가 없었습니다. 이러한 환경 가운데서도 그녀는 예수님의 옷자락이라도 만지면 나음을 받을 수 있다는 믿음으로 예수님의 뒤로 가서 아무도 모르게 그 옷자락을 만졌습니다. 그 즉시 그녀를 12년 동안 괴롭히던 혈류증이 멈추고 나음을 받았습니다. 이 여인은 가난한 마음으로 오직 예수님께만 소망을 두고 예수님의 옷자락을 붙잡았습니다. 예수님은 그녀의 마지막 소망이요 구원이었습니다. 그런 '가난한' 믿음을 예수님께서 크게 축복하셨습니다. 심령이 가난한 자, 애통하는 자는 복이 있습니다.

예수님은 자신에게서 능력이 나가신 것을 아시고 그녀를 무리 앞으로 나오게 했습니다. 그리고 그녀의 믿음을 크게 칭찬하시고 치유 위에 평안을 더하셨습니다.

"딸아 네 믿음이 너를 구원하였으니 평안히 가라."

그녀가 예수님의 치유의 능력을 훔친 것이 아니라 하나님께서 얼마나 이 여인을 하나님의 딸로 받아주시기를 기뻐하셨는가를 선포하십니다. 당당히 믿음으로 구원받은 하나님의 백성이 된 것을 선포하십니다. 이 사랑 안에서 여인은 모든 두려움을 몰아내고 예수님의 능력과 구원을 선포하는 증거자의 삶을 살 수 있게 되었습니다. 예수님은 그녀로 하여금 하나님의 은혜를 간증하고 선포하는 복된 인생을 살도록 도우십니다.

당신은 어떤 예수님의 치유의 능력을 체험하셨나요?

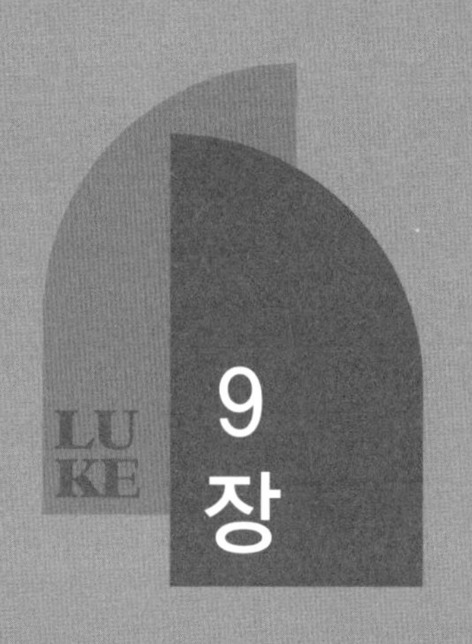
LU
KE
9
장

제자의
권세와 사명

누가복음 9:1-9

예수님은 치유와 축사의 권세를 가지고 계셨습니다. 그리고 그에게 오는 백성들을 사랑으로 받아주시고 치유하셨습니다. 그러나 그것은 시간적, 공간적으로 매우 제한적이었습니다. 너무나 많은 백성들이 도움이 필요한 상태로 버려져 있었습니다. 이를 위해 예수님은 무엇을 하셨습니까? 오늘 본문에 보면 예수님께서는 열두 제자들을 부르시고 준비시켰음을 알 수 있습니다. "어두운 시대를 위해 무엇을 할 것인가?" 우리의 이 질문에 대해 예수님은 대답을 주십니다. 예수님의 제자들을 키우고 파송해야 합니다.

I. 제자의 사명

제자의 할 일은 첫째, 하나님 나라를 전파해야 합니다. 둘째, 병자들을 치유해야 합니다. 예수님의 제자들은 이땅에 임한 하나님의 통치를 전파해야 합니다. 모든 사람들이 이 하나님의 통치를 받고 자유와 평화를 누리고 기뻐할 수 있도록 하나님 나라의 복음을 전파해야 합니다. 사탄의 어두움의 통치를 극복하고 돈과 권력으로 우리를 매는 세상의 불의에서 하나님의 백성들에게 바른 가치관으로 자유를 선포해야 합니다. 뿐만 아니라 그 증거로 실제로 병자들을 치유해야 합니다. 귀신의 권세에서 해방해야 합니다. 사랑과 용서의 복음으로 상하고 아픈 영혼들을 치유해내야 합니다.

II. 제자의 권세

이 엄청난 사명을 위해 예수님께서는 제자들에게 귀신을 제어하며 병을 고치는 능력과 권세를 주셨습니다. 예수님은 우리에게 할 일을 주시고 또 그에 합당한 능력과 은사를 주십니다. 하나님의 교회는 만물 안에서 만물을 충만하게 하시는 자의 충만입니다. 우리에게 성령의 능력을 주시고 기도의 능력을 주십니다. 과연 우리에게 경건의 능력이 있는지 늘 살펴보고 능력의 근원이신 주님께 나아가야 합니다. 제자들은 당당한 자세로 하나님만을 의지하고 자신에게 맡겨진 사명을 수행해야 합니다.

너희가 먹을 것을 주라

누가복음 9:10-13a

열두 사도들이 예수님의 권세로 많은 사람들에게 하나님 나라를 선포하고 병자들을 고쳤습니다. 이 때문에 더 많은 사람들이 예수님께 몰려들었습니다. 예수와 제자들은 쉼이 필요했지만 예수님은 따라오는 무리들을 다 영접하사 하나님 나라의 일을 말씀하시며 병 고칠 자들은 고쳐주셨습니다. 예수님은 그들의 목자요 아비요 의사로서 한 사람 한 사람을 섬기셨습니다.

I. 무리를 보내어 먹을 것을 얻게 하소서

예수님께서 매우 늦게까지 하나님 나라의 일을 말씀하시고 병자들을 고치셨습니다. 날이 저물어 갔습니다. 제자들도 지치고 배가 고팠습니다. 그래서 그들은 예수님께 나아와 제안을 했습니다.

> "무리를 보내어 두루 마을과 촌으로 가서 유하며 먹을 것을 얻게 하소서 우리가 있는 여기는 빈들이니이다."

이 제안은 매우 합리적인 제안입니다. 이런 제안을 한 것만으로도 그들은 지도자의 자격이 있다고도 할 수 있습니다.

II. 너희가 먹을 것을 주라

그런데 예수님은 제자들에게 더 많은 것을 요구하셨습니다.

"너희가 먹을 것을 주라."

이 말씀은 그들은 이제 목자요 지도자들로서 무리들의 삶을 책임지라는 말씀입니다. 예수님의 제자는 이 사회를 책임지는 '왕 같은 제사장'의 직분을 다해야 합니다. 우리의 삶은 전 인격적으로 도움을 받아야 합니다. 영적으로, 육적으로, 정신적으로, 사회적으로 모든 면에서 욕구가 충족되어야 합니다. 그래야 한 인간이 행복하게 살 수 있습니다. 예수님은 제자들이 무리들을 전 인격적으로 도울 수 있는 지도자들이 되기를 바라셨습니다. 예수님의 공동체는 각자 알아서 사는 각자도생의 길을 택해서는 안됩니다. 서로 돕고 서로의 필요를 채워주는 사랑의 공동체를 이루어야 합니다. 특히 제자들은 사랑과 책임의식을 가진 사람들이 되어야 합니다. 이 예수님의 도전이 오늘날 우리 교회에 의미하는 바가 무엇일까요?

오천 명을 배불리 먹이신 예수님

누가복음 9:13b-17

"너희가 먹을 것을 주라." 제자들에 대한 이 예수님의 도전의 말씀은 지도자들이 백성들에게 대하여 가져야 할 사랑과 관심, 책임에 대한 매우 강력한 요구였습니다. 그런데 이 사랑과 관심이 있다고 하더라도 실제로 그것을 할 수 있는가 하는 문제가 남아 있습니다. 오늘 본문은 어떻게 그렇게 할 수 있는지 가르쳐 줍니다.

I. 우리에게 … 밖에 없으니 … 할 수 없사옵나이다

예수님의 제자들은 자신들이 이 무리한 요구를 수행할 수 없는 이유를 다음과 같이 예수님께 말했습니다. "우리에게 떡 다섯개와 물고기 두 마리밖에 없으니 이 모든 사람을 위하여 먹을 것을 사지 아니하고서는 할 수 없사옵나이다." 제자들로서는 당연한 항변이었습니다. 성인 남자의 수만 약 5천 명이 되는 무리를 빈들에서 어떻게 먹일 수 있겠습니까? 이것이 인간의 한계입니다. "…이 없으니 …을 할 수 없습니다." 그런데 예수님은 어떻게 하셨습니까?

II. 하늘을 우러러 축사하시고

예수님께서는 제자들에게 명하여 무리들이 한 50명씩 떼를 지어 앉도록 하신 후에 떡 다섯 개와 물고기 두 마리를 가지사 하늘을 우러러 축사하시고 떼어 제자들에게 주어 무리에게 나누어 주게 하셨습니다. 이로서 그들이 다 배불리 먹고 그 남은 조각을 열두 바구니에 거두었습니다. 예수님은 있는 작은 것을 감사하시고 축복하십니다. 또 축복의 근원이신 하늘의 하나님께 나아가십니다. 여기서 우리는 작은 것에 감사하시는 예수님, 하늘의 하나님께 기도하시는 예수님을 배울 수 있습니다. 하나님은 천지의 창조주이십니다. 모든 충만이 그분에게 있습니다. 그분 안에 풍요와 만족이 넘치게 있습니다. '하늘을 우러러' 이 말씀을 통해 우리는 어떤 환경에 있든지 하늘의 하나님께 기도할 수 있음을 알 수 있습니다. 예수님의 제자들은 기도하는 믿음이 필요합니다. 이 창조와 부활의 주님의 능력이 교회에 있습니다. 교회는 만물을 충만케 하시는 자의 충만입니다. 기도와 사랑으로 이 세상을 영육으로 강건하고 풍요롭게 할 수 있습니다. 제자들은 이 영광의 역사에 동역하는 특권을 받은 자들입니다.

하나님의 그리스도시니이다

누가복음 9:18-20

오병이어의 기적으로 수많은 무리가 따라오려고 할 때 예수님은 무리들을 떠나 따로 기도하셨습니다. 기도하신 후에 예수님은 제자들에게 두 가지 질문을 하십니다.

I. 무리가 나를 누구라 하느냐?

이 질문은 비교적 쉬운 객관적인, 일반적인 질문입니다. 제자들이 대답합니다.

> "세례 요한이라 하고 더러는 엘리야라, 더러는 옛 선지자 중의 한 사람이 살아났다 하나이다."

무리들은 예수님께서 기적을 행하고 하나님의 말씀을 전하는 엘리야와 같은 큰 하나님의 종 중의 한 사람이라고 생각했습니다. 오늘날도 사람들은 예수님을 위대한 종교의 창시자요 좋은 인생의 교훈과 도덕을 가르친 선생으로 생각합니다.

II. 너희는 나를 누구라 하느냐?

이 질문은 주관적이고 개인적인 질문입니다. 따라서 이 질문에 대한 대답에는 책임과 결과가 따릅니다. 열두 제자들의 대표로서 베드로가 대답합니다.

"하나님의 그리스도시니이다."

여기서 그리스도는 히브리어의 메시아, 즉 "기름부음 받은 자"를 뜻합니다. 그 당시 유대 사회에서는 왕, 제사장, 선지자 이 세 직분에 대해서 기름을 붓고 세웠습니다. 따라서 이 대답에는 예수님이 하나님께서 친히 세우신 왕이요, 제사장이요, 선지자라는 뜻이 들어 있습니다. 베드로의 이 대답은 예수님께서 우리를 보호하시고 지키시는 왕이요 목자이시며 하나님과의 관계를 회복시키시는 제사장이시며 하나님의 뜻을 가르치시고 선포하시는 선지자이심을 고백하는 것입니다.

따라서 이 고백을 드리는 자는 자신의 삶을 예수님께 의탁하고 예수님을 통하여 하나님께 나아가고 예수님의 말씀을 순종하는 결단이 필요합니다. 우리는 예수를 누구라 생각하고 고백합니까? 그 신앙고백에 따라 나의 삶에 변화를 수용할 준비가 되어 있나요?

그리스도의 길

누가복음 9:21-22

베드로가 예수를 '하나님의 그리스도'라고 고백하자 예수님은 아무에게도 이런 말을 이르지 말라고 경고하셨습니다. 왜 그렇게 경고하셨을까요? 여기에는 두 가지 이유가 있습니다. 첫째는 무리들이 예수를 정치적인 메시아로 추앙하려고 하는 유혹입니다. 둘째는 아직 하나님의 시간, 즉 카이로스가 오지 않았기 때문입니다. 이 두 가지 점은 하나님의 종들이 항상 유념해야 할 점들입니다. 수많은 하나님의 종들이 사역이 잘되고 유명해질 때 교만의 유혹에 넘어갑니다. 이때마다 세례 요한과 같이 "그는 흥하여야 하고 나는 쇠하여야 하리라."는 겸손의 자세를 가져야 합니다. 또한 언제나 하나님의 때를 기다려야 합니다. 하나님보다 앞서가지 않는 자세가 주의 종들에게는 절대적으로 필요합니다.

예수님은 이제 그리스도의 길을 설명하십니다.

> "인자가 많은 고난을 받고 장로들과 대제사장들과 서기관들에게 버린 바 되어 죽임을 당하고 제 삼일에 살아나야 하리라."

여기에 네 가지 길이 나옵니다. 첫째, 고난을 받고 둘째, 버린 바 되고 셋째, 죽임을 당하고 넷째, 살아나리라.

예수님은 이 말씀을 하시면서 'must'라는 조동사를 사용하십니다. 반드시 그렇게 해야 한다는 뜻입니다. 이 길은 피할 수 없는 길입니다. 온 인류의 구원을 위해서 하나님께서 자신이 세우신 그리스도가 반드시 가야할 길로 정해 놓으신 길입니다. 이사야서 53장의 고난의 종의 길을 가야만 합니다. 죄인을 구원하는 길은 이 길 외에는 없습니다. 히브리서 9장 22절은 피흘림이 없으면 죄 사함이 없다고 말씀하십니다. 예수님은 십자가 상에서 "하나님, 어찌하여 나를 버리시나이까?" 하며 절규하셨습니다. 모두가 외면하고 버리는 그 길을 예수님은 가셔야만 했습니다. 그리고 죽음의 권세를 깨고 살아나셔야만 했습니다. 우리에게 영원한 하늘의 생명을 주시기 위해서입니다.

우리의 구원은 이 엄청난 대가를 치르고 얻은 비싼 것입니다. 우리를 위해 이 길을 가신 주님을 찬송합니다. 할렐루야, 아멘!

제자의 길

누가복음 9:23-27

예수님은 그리스도로서 고난을 받고 버림을 받고 죽임을 당하고 살아나야 할 것을 강하게 말씀하셨습니다. 그 후에 제자의 길에 대해서 말씀하십니다.

I. 자기를 부인해야 합니다

제자란 스승에게 배우는 자입니다. 여기서 배운다는 의미는 단순히 지식을 배운다기보다는 스승의 길을 따르는 사람을 의미합니다. 우선 제자의 길은 누구에게나 열려 있습니다. "아무든지 …"라는 말씀에서 그것을 알 수 있습니다. 신분이나 성별의 차별이 없습니다. 그러나 한 가지만은 명심해야 합니다.

"자기를 부인하고"

우리 모든 인간은 욕망의 존재입니다. 아담의 타락 이후 우리 육신은 하나님의 뜻을 거슬려 항상 자기의 유익을 구합니다. 그러나 예수님의 제자들은 먼저 하나님과 이웃을 생각하고 행동해야 합니다.

II. 자기 십자가를 져야 합니다

예수님의 제자들은 자기를 부인할 뿐만 아니라 구체적으로 자기의 십자가를 지고 예수를 따라야 합니다. 여기서 자기 십자가란 예수를 따르기 위해서 감수해야 할 어려움, 사명, 불편함 등을 모두 포함하고 더 나아가 죽기를 각오해야 한다는 말입니다. 정말 엄청난 말씀입니다. 실제로 예수님의 제자들은 모두 순교의 십자가를 졌습니다. 그런데 그 이유를 24절이 설명합니다.

> "누구든지 제 목숨을 구원하고자 하면 잃을 것이요 누구든지 나를 위하여 제 목숨을 잃으면 구원하리라."

구원이 목숨보다 귀하고 천하보다 더 귀하다고 예수님은 말씀합니다. 그런데 날마다 그렇게 해야 합니다. 즉 날마다 죽어야 합니다. 사도 바울은 고린도전서 15장에서 "나는 날마다 죽노라."라고 고백했습니다. 이 말씀을 통해서 우리는 "죽는다."라는 의미는 매순간 자신의 죄와 욕심을 부인하고 하나님 나라의 가치를 따라 사는 것을 의미하는 것을 알 수 있습니다. 이 길을 가는 제자들은 그리스도의 영광을 봅니다(27절).

변화되신 영광의 예수님

누가복음 9:28-36

예수님께서 고난을 받고 버린바 되어 죽임을 당하고 제 삼일에 살아나셔야 한다는 말씀을 하신 후 팔일쯤 되어 베드로와 요한과 야고보를 데리고 기도하시러 다볼 산이라고 추정되는 산에 오르셨습니다. 이 팔일은 제자들에게는 가장 심각하고 무거운 한 주간이었을 것입니다. 예수와 자신들의 미래가 매우 어둡다는 사실이 분위기를 매우 침울하게 만들었습니다. 그러나 예수님은 이 어려운 시간에 하늘의 하나님께 기도하고자 하십니다. 기도를 통해 십자가를 지실 수 있는 힘을 얻고자 하십니다.

기도하실 때에 용모가 변화되고 그 옷이 희어져 광채가 났습니다. 이 모습은 요한계시록 1장에서 사도요한이 본 예수님의 모습과 같다고 할 수 있습니다. 이 모습은 본래 예수님께서 하늘에서 지니셨던 영광입니다. 이사야 53장의 보잘것없는 모습에서 본래의 영광으로 홀연히 변화된 것입니다. 예수님은 본래 지극히 높으신 창조주의 영광을 가지신 분입니다. 그분께서 우리를 위하여 처녀 마리아의 몸을 빌려 구유에 태어나 갈릴리에서 목수로 사시다가 하나님의 어린 양으로 나무에 달려 죽으시기 위해 이 땅에 오셨습니다. 이렇게 스스로 낮추신 예수님을 하나님께서 높이사 모든 무릎을 예수 앞에 꿇게 하셨습니다(빌립보서 2:10-11).

초라한 모습으로 우리에게 다가오신 예수님의 은혜를 찬송합니다. 반면에 하나님 우편 영광의 보좌에 앉으셔서 이 땅을 다스리시는 영광의 주님으로 인하여 소망과 승리의 확신을 가집니다. 이 진리의 길을 끝까지 갈 수 있는 인내를 가집니다.

모세와 엘리야가 예수님과 함께 다가올 '별세'에 대해서 말씀합니다. 여기서 별세는 출애굽을 의미합니다. 예수님의 십자가로 온 인류의 출애굽이 일어날 것을 말씀하십니다. 예수님께서 하나님의 구속의 큰 계획을 놓치지 않고 가실 수 있도록 용기를 주신 것 같습니다. 무엇보다도 구름 속에서 소리가 나서 이르되 "이는 나의 아들 곧 택함을 받은 자니 너희는 그의 말을 들으라."고 하나님께서 직접 말씀해 주셨습니다. 하나님의 임재로 예수님의 길, 십자가의 길이 그리스도의 길임을 더욱 분명하게 해주셨습니다. 그러므로 우리는 주께서 말씀하신 제자의 길을 순종의 마음으로 당당하게 가야 합니다.

베드로의 이기적인 희망 사항

누가복음 9:28-36

아마도 베드로와 요한, 야고보는 예수님께서 기도하실 때에 처음에는 함께 기도하다가 잠이 든 것 같습니다. 그런데 깊이 졸다가 깨어보니 예수님은 영광의 모습으로 변화되시고 또 영광 중에 모세와 엘리야가 나타나서 예수님과 '별세'에 대해 말씀하시고 있었습니다. 한참 동안 그 장면을 황홀하게 지켜보았습니다. 그런데 이제 모세와 엘리야가 떠나려고 한 것 같습니다.

이때 베드로는 예수님께 간청했습니다.

> "주여 우리가 여기 있는 것이 좋사오니 우리가 초막 셋을 짓되 하나는 주를 위하여, 하나는 모세를 위하여, 하나는 엘리야를 위하여 하사이다."

복음서 기자 누가는 이 말에 대하여 베드로가 자기가 무슨 말을 하는지도 몰랐다고 코멘트하고 있습니다. 이 무의식 속에 있던 베드로의 인간적인 희망 사항이 툭 튀어 나온 것이었습니다. 베드로는 지금 예수님께서 온 인류의 구원을 위해 십자가의 길을 가려고 하는 이 엄숙한 시점에서 자신의 이기적인 소시민적인 희망을 드러내고 있습니다. 자신은 세상이 어떻게 돌아가든지 산 밑에서 자신의 동료들이 자기들을 기다리든지 상관하지 않고 예수와 함께 초막을 짓고 황홀경 속에 살고 싶었습니다.

우리도 예수님의 제자로 산다고 하지만 시대의 아픔이나 고통을 외면하고 그냥 예수님 안에 있는 '강 같은 평화'를 누리고 살고 싶은 소원이 있지 않은가요? 멋지고 화려한 예배당을 지어놓고 그 안에서 예배를 드리며 하나님이 주시는 평화와 행복과 번영을 즐기면서 안주하고 있지는 않는가요? 우리가 하는 '방언'이 무슨 말인지도 모르면서 황홀경에 빠져 '하나님 여기가 좋습니다.' 하고 있지는 않은지요?

그런 우리를 향해 하나님은 구름 속에서 말씀하십니다.

"너희는 그의 말을 들으라."

예수님께서 우리에게 하시는 말씀이 무엇인가 들어야 합니다. 우리의 인간적인 소박한 소원을 내려놓고 주께서 주시는 하나님 나라의 부르심을 들어야 합니다.

"회개하고 복음을 믿으라."

"너희가 먹을 것을 주라."

"자기를 부인하고 자기 십자가를 지고 나를 따르라."

이러한 말씀에 순종하여 이 시대의 고통에 참여하고 그 문제를 해결해 나아가는 예수님의 제자들이 되어야 합니다.

믿음이 없고 패역한 세대여

누가복음 9:37-45

이튿날 예수와 베드로, 요한, 야고보 이렇게 세 제자가 변화산에서 내려옵니다. 산 밑에서는 큰 무리가 그들을 기다리고 있었습니다. 무리 중의 한 사람이 소리 질러 예수님께 간청했습니다.

> "선생님 청컨대 내 아들을 돌보아 주옵소서 이는 내 외아들이니이다 귀신이 그를 잡아 갑자기 부르짖게 하고 경련을 일으켜 거품을 흘리게 하며 몹시 상하게 하고야 겨우 떠나가나이다 당신의 제자들에게 내쫓아 주기를 구하였으나 그들이 능히 못하더이다."

이 아버지가 설명한 증상으로 보아 아마도 간질 발작을 일으키는 아이였던 것 같습니다.

오늘날 교회는 어떻습니까? 교회를 주님을 믿는 사람의 집단이라고 할 때, 오늘날 교회도 산상에 있는 교회와 산 아래 있는 교회가 있습니다. 산상에 있는 교회는 주님의 임재와 영광을 보고, 베드로처럼 거기에만 매달려 거기에 머무르고자 합니다. 산 아래의 현실에는 별로 관심이 없습니다. 반면에 산 아래 있는 교회에는 주님의 임재와 영광이 떠난지 오래고,

세상의 문제를 해결할 능력이 없습니다. 메너리즘에 빠져 현상유지만 할 뿐 아무런 능력도 경건도 없습니다. 그 결과 세상 사람들의 조롱을 받고 비난을 받습니다.

오늘 본문에서 이 아버지가 간질 발작을 하는 아들에게서 귀신을 쫓아내고 병을 고쳐달라는 요구를 받고서도 제자들은 그 일을 해내지 못했습니다. 그들에게 그런 권세와 능력이 없어서 못한 것이 아닙니다. 믿음과 기도가 부족해서 못한 것입니다. 제자들은 그 앞전에 주님으로부터 파송을 받으면서 권세와 능력을 받았습니다. 그리고 그때는 귀신도 쫓아내고 병도 고쳤습니다.

예수님은 그러한 교회를 향하여 "믿음이 없고 패역한 세대여 내가 얼마나 너희와 함께 있으며 너희에게 참으리요."라고 책망하십니다. 문제가 무엇입니까? 맏음이 없고 사랑이 없는 것이 문제입니다. 예수님을 믿고 현실의 그 문제를 해결하고자 하는 의지와 귀신들린 세대에 대한 간절한 사랑이 있다면 기도하고, 금식하고, 도전하고 문제를 해결해 나갈 수 있습니다.

교회는 이러한 경건의 능력이 있어야 합니다. 교회는 늘 성령으로 충만해야 합니다. 교회는 만물을 충만하게 하시는 자의 충만이기 때문입니다. 예수님은 제자들이 사랑과 기도의 능력으로 무장되어 사탄과 돈과 율법의 지배 아래 비정한 사회에서 소외되고 버림받고 발작하는 무리들에게 고침과 안식과 평안을 주는 지도자들이 되기를 바라십니다. 말씀의 권세와 기도의 능력과 사랑의 풍성함으로 시대를 품고 기도하는 목자들이 되기를 바라십니다. 그러할 때 하나님의 위엄에 세상이 놀라고 영광을 돌리게 됩니다(43절).

가장 작은 그가 큰 자니라

누가복음 9:43-48

이렇게 크신 일을 행하시고 하나님의 영광이 선포된 그 다음 예수님은 언제나 그랬듯이 무리를 떠나 제자들에게 은밀하게 말씀하셨습니다.

> "이 말을 너희 귀에 담아두라 인자가 장차 사람들의 손에 넘겨지리라."

무리가 환호했지만 예수님은 사람들의 인기나 열광에 마음을 두시지 않고 그의 몸을 그들에게 의탁하지 않으셨습니다(요한복음 2:24-25). 심지어 제자들도 이 말씀을 알아듣지 못했습니다. 이는 이 말씀이 때가 이르기 전에는 숨긴 바 되었기 때문입니다. 그래서 그들은 이 말씀을 묻기도 두려워했습니다. 여기서 사람들이 십자가의 진리를 얼마나 싫어하는지 잘 알 수 있습니다. 십자가의 진리는 우리의 본성과는 정반대입니다. 오직 성령님의 깨닫게 하심을 따라 우리는 십자가를 받아들일 수 있습니다.

I. 누가 크냐 하고 변론하는 제자들

예수님은 이렇게 묵묵히 십자가의 길을 올라가시기로 결심하시고 제자들을 준비시키고자 하셨습니다. 그런데 제자들은 예수님의 마음을 읽지 못했습니다. 오히려 자신들 중에 누가 크냐 하는 변론과 다툼을 하고 있었습니다. 참으로 한심한 모습입니다. 그러나 좀 더 깊이 생각해보면 "누가 크냐?"라는 이 질문은 우리 모든 인간이 가지고 있는 질문입니다. 다들 높아지고, 크고 싶어하는 무한한 욕망이 있습니다. 더 가지고 싶고, 더 높아지고 싶고, 더 누리고 싶은 것이 인간의 마음입니다. 더 큰 교회를 섬기고 싶고, 더 넓고 화려한 예배당을 짓고 싶어합니다.

II. 누구든지 내 이름으로 이런 어린아이를 영접하면…

예수님은 제자들 가운데 그런 한심한 다툼과 변론이 있는 것을 아시고 어린아이 하나를 데려다가 자기 곁에 세우시고 말씀하셨습니다.

> "누구든지 내 이름으로 이런 어린아이를 영접하면 곧 나를 영접함이요 또 누구든지 나를 영접하면 나를 보내신 이를 영접함이라 너희 모든 사람 중에 가장 작은 그가 큰 자니라."

소자 한 사람을 섬기고 영접하는 것이 하나님을 섬기는 가장 큰 일임을 분명하게 말씀해 주십니다. 예수님의 제자들은 이런 마음으로 하나님이 맡기신 한 사람 한 사람을 가장 귀하게 여기고 사랑하고 섬겨야 합니다. "가장 작은 그가 큰 자니라." 하나님의 마음은 바로 우리 중에 가장 도움과 돌봄이 필요한 작은 자에게 가 있습니다. 바로 내 옆에 있는 작은 소자 한 사람을 천하보다 귀한 가치있는 존재로 여기고 예수님의 마음으로 섬기는 것이 하나님의 '큰' 일입니다. 아멘!

우뢰의 아들

누가복음 9:49-56

'가장 작은 자가 큰 자'라는 예수님의 가르침에도 불구하고 제자들은 여전히 자기 생각에 갇혀 있었습니다. 특별히 야고보와 요한 형제가 그러했습니다. 그들은 예수님께서 특별히 사랑하시고 '우뢰의 아들'이라는 별명까지도 지어준 제자들입니다. 그들은 어떤 생각을 가지고 있었을까요?

예수님은 그들을 어떻게 도우셨나요?

I. 너희를 반대하지 않는 자는 너희를 위하는 자니라

요한이 예수님께 "주여 어떤 사람이 주의 이름으로 귀신을 내쫓는 것을 우리가 보고 우리와 함께 따르지 아니하므로 금하였나이다."라고 물었습니다. 요한은 자신들의 제자 공동체만이 유일한 하나님의 공동체라고 생각했습니다. 그러나 예수님은 그런 요한의 생각이 잘못되었다고 말씀하십니다.

"금하지 말라 너희를 반대하지 않는 자는 너희를 위하는 자니라."

하나님의 공동체는 크고 넓습니다. 예수님의 이름으로 행하는 모든 일에 대해 우리는 관용과 이해를 가지고 대해야 합니다. 이 지구 상에는 엄청나게 많은 교파와 조직이 있습니다. 모두들 다양하게 하나님 나라를 섬기고 있습니다. 우리는 그들이 성자 예수님과 성부 하나님, 성령 하나님에 대해 이단적인 사상을 가르치지 않는 한 형제요 하나님 나라의 동역자들로 포용해야 합니다. 내 교회, 내가 속해 있는 조직만이 유일한 하나님이 인정하시는 모임이라고 생각하는 편협성에서 벗어나 다양한 주님의 세계를 인정해야 합니다.

II. 우리가 불을 명하여

예수님은 더욱 분명하게 자신의 뜻을 세우시고 예루살렘으로 가고자 하십니다. 십자가와 부활 승천의 때가 가까워졌기 때문입니다. 그래서 갈릴리에 계시다가 사마리아를 거쳐 예루살렘으로 가기를 원하셨습니다. 사마리아의 한 마을에 유숙하고자 사자를 보내 준비하도록 했으나 그 마을 사람들이 받아들이지 않았습니다. 야고보와 요한은 화가 나서 예수님께 나아와 "주여 우리가 불을 명하여 하늘로부터 내려 저들을 멸하라 하기를 원하시나이까?"라고 말했습니다.

우뢰의 아들 요한과 야고보는 예수님을 사랑했습니다. 그러나 그 열심이 지나쳐서 자신들의 감정을 다스리지 못하고 있습니다. 예수님은 요한과 야고보를 꾸짖으셨습니다. 그리고 다른 마을로 가셨습니다.

예수님은 만민의 구원자이십니다. 비록 세상 사람들이 자신을 알아보지 못하고 영접하지 않더라도 끝까지 사랑하십니다. 결국 그들을 위해 목숨을 드려 십자가의 길을 가십니다. 배척하는 사람을 위해 저주대신 십자가의 섬김으로 사랑하십니다.

하나님 나라에 합당한 자

누가복음 9:57-62

오늘 본문에는 세 부류의 사람이 예수님을 따라서 제자의 길을 가고자 하는 것을 볼 수 있습니다. 그런데 이 세 사람이 모두 예수님을 따르지 못한 것으로 추정됩니다. 그 이유가 무엇일까요? 어떤 사람이 제자의 길을 가서 하나님 나라에 합당한 자가 될 수 있을까요?

I. 인자는 머리 둘 곳이 없도다

예수님께서 길을 가실 때에 어떤 사람이 질문했습니다. "어디로 가시든지 나는 따르리이다." 이에 예수님은 "여우도 굴이 있고 공중의 새도 집이 있으되 인자는 머리 둘 곳이 없도다."라고 말씀하셨습니다. 예수님의 제자들은 한곳에 정착해서 집을 짓고 평화롭게 사는 사람들이 아니라 집도 없는 나그네와 같이 복음을 전하기 위해 자신의 안정된 생활을 포기한 사람들이라는 뜻입니다. 이런 가치관을 가지고 언제든 어디로든 하나님의 부르심에 따라 떠날 수 있는 사람이 하나님 나라에 합당합니다.

II. 죽은 자들로 자기의 죽은 자들을 장사하게 하라

한 사람에게 예수님은 "나를 따르라." 초청하셨습니다. 그런데 이 사람은 자기로 먼저 가서 자신의 아버지를 장사한 후에 따르겠다고 대답했습니다. 이 말은 아마도 아버지가 지금 돌아셨다는 것이라고 보기보다는 돌아가실 때까지 봉양하다가 그 후에 예수님의 부르심에 응하겠다는 것으로 생각됩니다. 이에 예수님은 "죽은 자들로 자기의 죽은 자들을 장사하게 하고 너는 가서 하나님 나라를 전파하라."고 하나님 나라 전파의 긴급성과 우선적인 선택의 필요성을 말씀해 주셨습니다.

또 한 사람은 자신의 가족과 먼저 작별 인사를 하고 와서 주님을 따르겠다고 하였으나 이마저 예수님은 거절하셨습니다.

> "손에 쟁기를 잡고 뒤를 돌아보는 자는 하나님 나라에 합당하지 아니하니라."

여기서 우리는 하나님 나라의 가치를 생각해 볼 수 있습니다. 이 세상에서 귀하게 여기는 가족관계, 안정된 생활, 인간으로서의 의무 … 이 모든 것보다 더 앞서는 고귀한 제자의 삶의 가치를 예수님의 이 도전은 다시 한번 생각하게 해줍니다. 롯의 아내는 뒤를 돌아보다가 소금기둥이 되었습니다. 우리는 먼저 하나님 나라와 그의 의를 추구해야 합니다(마태복음 6:33).

L U

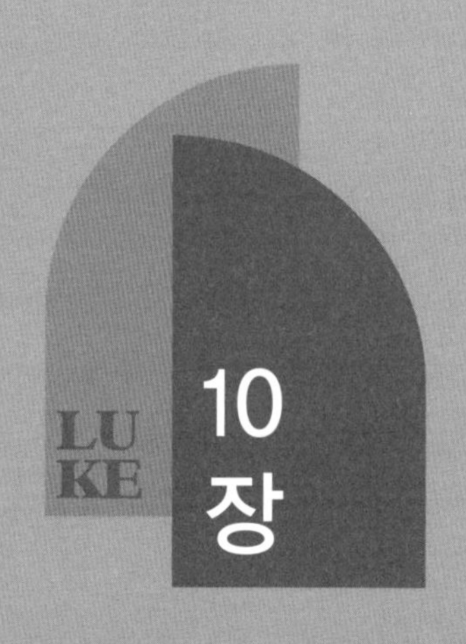

K E

추수할 일꾼을 보내주소서

누가복음 10:1-16

예수님께서 복음을 전하시려고 하는 세상은 크고 넓습니다. 그래서 예수님은 열두 제자를 부르시고 훈련하셨습니다. 그들에게 영적인 권위를 주시고, 병을 고치고 귀신을 쫓아내는 능력을 주셨습니다. 그러나 그들마저도 크고 많은 영적인 병을 앓고 있는 세상의 수많은 백성에 비해서는 너무도 작은 무리였습니다. 예수님께서는 이제 제자들의 범위를 조금 확대하십니다.

따로 칠십인을 세우시고 그들을 파송하십니다. 친히 가시려는 각 동네와 각 지역으로 그들을 보내십니다. 여기서 우리는 제자의 범위는 계속 넓어져야 함을 배울 수 있습니다. 추수할 것은 많은데 일꾼이 너무 적습니다. 예수님께서는 부르신 칠십인 제자들에게 추수의 주인이신 하나님께 더 많은 일꾼을 세워주시도록 기도하라고 명하셨습니다. 나중에 제자의 그룹이 500명으로 불어났고 이제는 전 세계에 헤아릴 수 없는 수많은 주의 제자들이 파송되어 있습니다. 그러나 아직도 부족합니다. 우리는 더 많은 일꾼들이 부르심 받도록 계속 미시오 데이(Missio Dei) 하늘의 하나님께 기도해야 합니다.

I. 둘씩 보내십니다

비록 가야할 곳은 많고 복음을 들어야 할 사람은 많지만 예수님은 칠십인 제자들을 둘씩 보내십니다. 한 사람은 약하다는 것을 우리 주님은 잘 아십니다. 한 사람이 넘어지면 다른 사람이 일으켜 주어야 합니다. 복음 사역은 공적인 사역입니다. 항상 두 사람 이상의 증거가 필요합니다. 예수님의 제자들은 협력하는 법, 다양함에서 일치를 이루는 법을 배워야 합니다.

II. 이리 가운데 양 같은 제자들을 보내십니다

3절에 보면 예수님은 제자들을 보내시면서 안쓰러워하셨습니다 아직 어리고 순한 양과 같은 제자들을 이리와 같이 사납고 악한 세상으로 보내셔야 하는 안타까운 마음을 스스로 말씀하셨습니다. 그럼에도 불구하고 예수님은 제자들이 전대나 배낭이나 신발을 가지지 말고 복음을 전하는 자들로서 당당하고 권위있는 자세를 가질 것을 당부하셨습니다. 하나님을 의지하고 말씀의 권위를 가지고 사역할 것을 당부하셨습니다. 이 권위는 우리가 우리의 말이 아닌 하나님의 말씀을 전할 때 나옵니다(16절).

진정한 기쁨

누가복음 10:17-20

전도여행을 떠났던 70명의 제자들이 돌아왔습니다. 그들은 전도여행 중에 경험했던 여러 가지 일에 대해 나누고 기뻐했습니다. 특히 자신들이 예수님의 이름으로 귀신들을 쫓아내고 병든 환자들을 고칠 수 있었던 것을 자랑하고 기뻐했습니다. 그들은 이 새로운 경험으로 인해 흥분되었고 고무되어 있었습니다. 그들의 보고를 들으신 예수님께서는 두 가지 반응을 보이십니다.

I. 사탄이 하늘로부터 떨어지는 것을 내가 보았노라

예수님께서는 연약한 어린 양과 같던 제자들이 예수님의 이름으로 영적인 전투에서 승리하는 것을 보시고 하나님 나라의 승리를 보십니다. 유대 땅 시골 한 변방에서 일어나는 이 작은 역사를 통해 궁극적인 하나님 나라의 승리를 보셨습니다. 우리가 예수 안에 있으면 예수님의 이름으로 뱀과 전갈을 밟으며 사탄의 능력을 제어할 권능을 받습니다. 그 성령의 능력으로 항상 승리하는 삶을 살 수 있습니다. 이 능력은 우리의 것이 아니라 예수 안에 있는 하나님의 능력입니다.

이러한 크고 신비한 능력을 받고 행하다 보면 거기에 취해 교만하게 되고 마치 자신이 큰 사람이 된 듯한 착각을 하게 됩니다. 그러나 우리는 언제나 그리스도 안에서 은혜로 구원받고 부르심 받은 제자들입니다. 예수님은 진정한 하나님 자녀들의 기쁨은 우리의 이름이 하늘에 기록된 것이라고 말씀합니다. 어떤 기쁨도 이 기쁨보다 클 수는 없습니다. 이것이 가장 큰 기적이요 능력이요 신비입니다. 아멘!

성령으로 기뻐하신 예수님

누가복음 10:21-24

예수님께서는 제자들에게 그들이 사역의 성공보다도 구원의 은혜로 인하여 기뻐하라고 가르쳐 주셨습니다. 오늘 본문에서도 예수님께서는 성령으로 기뻐하시는 자신의 모습을 보여주십니다.

I. 아버지의 뜻

예수님께서는 지금 이리 가운데 보낸 어린 양 같은 제자들이 예수님의 이름으로 귀신의 세력과 싸우며 백성들을 죄와 사탄의 권세에서 구원하는 사역에 쓰임받는 것을 보고 크게 기뻐하셨습니다. 학력과 출신 성분이 좋은 사람들이 아니라 오히려 가난하고 못 배운 겸손한 제자들에게 이 구원의 비밀이 나타난 것을 기뻐하시며 그것이 하나님 아버지의 뜻이라고 말씀하십니다. 구원의 도리는 세상의 지혜로 깨달을 수 없습니다. 오직 아버지와 아들께서 스스로 계시해 주셔야만 알 수 있습니다. 은혜로만 알 수 있는 영적인 세계입니다. 스스로 지혜롭고 슬기있다 하는 자들에게는 오히려 감추어진 바 되었습니다. 십자가의 도는 멸망하는 자들에게는 미련한 것이요 구원을 얻는 우리에게는 하나님의 능력입니다(고린도전서 1:18).

II. 복 있는 눈

예수님께서는 제자들을 돌아보시며 조용히 말씀하셨습니다. "너희가 보는 것을 보는 눈은 복이 있도다." 이 말씀은 자신이 그토록 기다리던 메시아이심을 나타내시는 말씀입니다. 많은 선지자들과 왕들이 메시아와 메시아의 사역을 보고자 했습니다. 그러나 그들은 희미하게 오실 메시아를 그들의 영적인 눈으로 보았습니다. 그러나 이제 제자들은 바로 그분을 자신들의 눈으로 보고 손으로 만지고 그분의 말씀을 듣고 있습니다. 이 교제를 누리는 제자들은 진정으로 복 있는 사람들입니다. 이것이 영생이기 때문입니다(요한일서 1:1-4).

선한 사마리아인의 비유

누가복음 10:25-37

어떤 율법 교사가 일어나 예수를 시험하였습니다. 그는 예수님께 "선생님, 내가 무엇을 하여야 영생을 얻으리이까?" 하고 질문했습니다. 이 질문은 정말 오래된 질문입니다. 우리가 무엇을 하면 영생을 얻을 수 있을까요?

I. 이를 행하라 그러면 살리라

예수님께서는 율법에 무엇이라고 기록되었는지를 물으셨습니다. 이에 율법 교사는 "네 마음을 다하며 힘을 다하며 뜻을 다하여 주 너의 하나님을 사랑하고 네 이웃을 네 자신같이 사랑하라 하였나이다."라고 정확하게 대답했습니다. 예수님께서 이를 옳다 하시고 "이를 행하라 그러면 살리라."고 칭찬해 주셨습니다.

II. 가서 너도 이와 같이 하라

율법 교사의 "내 이웃이 누구이니이까?"라는 질문에 대하여 예수님께서는 선한 사마리아인의 비유를 말씀하십니다. 어떤 사람이 예루살렘에서 여리고로 내려가다가 강도를 만나 거의 죽게 되었습니다. 그런데 그 형편을 본 제사장도 레위인도, 즉 '경건한' 종교인들도 그를 돌보지 않았습니다. 오히려 어떤 사마리아 사람, 아마도 장사하는 사람만이 그의 상처를 싸매며 자신의 비용과 시간을 들여 돌보고 주막에서 쉬게 하며 차후 처리까지 부탁하는 큰 자비를 베풀었습니다. 예수님께서는 이렇게 자비를 행한 자가 바로 진정한 이웃이며 강도를 맞아 큰 환란에 처한 자가 우리의 이웃임을 말씀하셨습니다. 그러면서 "가서 너도 이와 같이 하라." 고 말씀하셨습니다. 우리가 과연 이렇게 행할 수 있을까요? 해답은 우리가 바로 이런 선한 사마리아 사람과 같은 사람이 되어야 합니다. 행동(Doing)이 아니라 존재(Being)가 되어야 합니다. 행동은 존재에서 나옵니다. 좋은 나무에서 좋은 열매가 맺히게 됩니다. 아멘!

마르다와 마리아

누가복음 10:38-42

예수와 제자들이 길을 가시다가 한 마을에 들어가셨습니다. '마르다'라고 하는 여자가 자기 집으로 예수와 제자들을 초청하여서 그 집에서 식사도 하고 쉬어 가기로 하신 것 같습니다.

I. 불평하는 마르다

마르다는 적어도 16인분의 음식을 준비해야 했습니다. 마르다의 마음과 손과 발은 매우 분주했습니다. 평상시에는 자신들의 가족 3인분만 요리하면 되었는데 한꺼번에 5배 가량 많은 양을 만들어야 했습니다. 그런데 동생 마리아는 자기를 돕지 않고 예수님의 발 아래에서 그의 말씀만 듣고 있었습니다. 이에 마르다는 화가나서 예수님께 나아가 일렀습니다.

> "주여, 내 동생이 나 혼자 일하게 두는 것을 생각하지 아니하시니이까 그를 명하사 나를 도와주라 하소서."

마르다는 기쁨으로 섬기는 일을 시작했는데 불평과 원망으로 끝을 맺습니다. 왜 그럴까요? 예수님께서는 마르다의 마음이 많은 일 때문에 염려와 근심으로 찬 것을 보시고 몇 가지만 하든지 아니면 한 가지라도 족하다 하시며 마르다의 마음이 해야할 일 때문에 감사가 사라지고 불평과 원망으로 차게 된 것을 경계하셨습니다. 섬기는 일은 소중하고 귀한 것이지만 그 동기가 항상 감사와 사랑과 은혜이어야 함을 가르치십니다. 사도 바울은 신자의 삶은 믿음에서 믿음으로 살아야 함을 가르칩니다(로마서 1:17). 믿음과 은혜로 시작하여 율법과 행위로 끝나는 삶을 항상 경계하였습니다.

II. 좋은 편을 택한 마리아

언니 마르다를 돕지 않고 예수님의 말씀을 듣고 있던 마리아를 예수님은 오히려 칭찬하시며 더 좋은 것을 택하였다고 말씀하십니다. 여기서 신자의 삶은 인격적인 기도와 감사와 찬양과 말씀으로 예수님을 사랑하는 것임을 분명히 하셨습니다. 신자는 일보다는 찬양과 감사, 사역의 성공보다는 구원의 감격과 사랑에서 나오는 진정한 기쁨을 놓지 않아야 합니다 그러기 위해서는 인격적인 말씀 공부와 조용한 기도와 묵상이 절대적으로 필요합니다.

LU
KE
11
장

우리에게도 기도를 가르쳐 주옵소서

누가복음 11:1-2

우리 크리스천에게 기도는 호흡이라고 합니다. 한순간도 기도하지 않고는 살 수 없다는 말입니다. 기도는 은혜의 방편입니다. 하나님께서 우리에게 은혜를 주시는 데 기도를 통해서 주시겠다고 정하신 것입니다. 이 말은 우리는 하나님께 의존적인 삶을 살도록 창조되었다는 뜻입니다.

하나님의 아들이신 예수님도 이 땅에서 기도의 본을 보이셨습니다. 새벽마다 때로는 밤을 지새워 기도를 드리셨습니다. 어떤 중요한 결정을 해야할 때 기도하셨습니다. 기도를 통해 위로부터 오는 힘을 공급받으셨습니다. 이런 모습을 본 제자들이 예수님께 기도를 가르쳐 달라고 청하였습니다. 이에 예수님께서는 기도의 진수인 '주기도문'을 가르쳐 주셨습니다.

I. 아버지여

먼저 우리는 누구에게 기도해야 하는지 알아야 합니다. 우리의 기도를 들으시고 응답하시는 분은 우리의 아버지 되십니다. 당시 유대인들은 야웨 하나님은 너무 크고 광대하신 분이라 감히 그 이름을 부르지 못하고

'아도나이'(주님)라고 불렀습니다. 그런데 예수님께서는 그 크고 거룩하신 만유의 주인되신 하나님을 아버지라 부르라고 하셨습니다. 그분이 우리의 창조주요, 우리의 필요를 아시는 분이시며 우리를 책임지시는 아버지라는 것을 기도할 때마다 확인하라고 하십니다. 우리가 하나님을 아버지라 부를 수 있다면 우리는 정말 당당한 삶을 살 수 있습니다.

그분은 또 우리의 아버지로서 우리와 교제를 가지기를 원하십니다. 하나님은 자신의 자녀들이 무엇이 필요할 때뿐 아니라 그분을 사랑하고 친밀한 사귐을 가지기를 원하십니다. 따라서 기도는 하나님과의 사귐이요, 하나님의 뜻에 동참하는 것입니다.

II. 나라가 임하시오며

예수님은 먼저 두 가지 기도제목을 주십니다.

"이름이 거룩히 여김을 받으시오며 나라가 임하시오며"

사실 이 기도제목은 이것을 통해 무엇을 이룬다기보다는 우리의 삶의 목적을 바로 세우라고 하시는 것에 더 가깝습니다. 우리는 기도할 때마다 우리가 왜 사는지, 무엇을 위해서 살아야 하는지 기억해야 합니다. 바로 하나님의 이름과 그 나라를 위해 우리의 생명을 선물로 받았음을 기억하고 우리 자신을 주님께 드려야 합니다. 아멘!

일용할 양식을 주시옵소서

누가복음 11:3-4

예수님께서는 하나님의 이름과 하나님 나라를 위한 기도제목을 주신 후에 우리들의 일상을 위해 기도제목을 주십니다.

I. 우리에게 날마다 일용할 양식을 주시옵고

이 기도제목에서 중요한 포인트는 '우리에게', '날마다', '일용할'입니다. 그리스도인은 개인으로 존재하지 않습니다. 항상 공동체로 있습니다. 그리스도의 몸을 이룬 형제자매로 존재합니다. 그리고 날마다 일용할 양식을 구함으로 매일매일 하나님을 의존해서 사는 삶을 제시하고 있습니다. 양식에 대한 기도는 우리의 삶에 필요한 모든 것에 대한 기도입니다.

II. 우리 죄도 사하여 주시옵고

우리의 신앙생활에서 중요한 부분은 죄 사함에 관한 것입니다. 물론 죄 사함은 하나님과 나와의 관계에서의 문제입니다. 우리가 나의 죄를 예수님의 사죄의 은혜를 의지해서 고백하면 하나님은 우리의 죄를 용서하시고 깨끗게 하십니다(요한일서 1:9). 그런데 예수님은 주기도문에서 이 죄 사함의 문제를 공동체의 문제로 다루십니다. 내가 나에게 피해를 입힌 형제를 용서하지 않으면서 하나님께 용서를 구하는 것은 모순된다는 것입니다. 우리의 신앙생활은 언제나 하나님과의 수직관계와 형제와의 수평관계를 다 동반합니다.

III. 우리를 시험에 들게 하지 마시옵소서

마지막으로 우리를 죄의 유혹과 사탄의 세력에서 보호해 달라고 하는 기도제목을 주십니다. 죄는 강한 세력입니다. 사탄은 간교하고 또 악합니다. 우리 자신의 힘으로는 죄와 사탄의 강한 세력을 이길 수 없습니다. 그러므로 기도해야 합니다. 그러나 이 기도제목을 주심으로 우리에게 희망을 주십니다. 우리가 기도하면 하나님께서 우리에게 승리를 주십니다. 죄와 사탄보다 더 강하신 성령을 주심으로 우리로 하여금 넉넉히 이기게 하십니다. 나를 의지하지 않고 성령님을 의지하는 기도생활이 승리의 길입니다.

결론적으로 우리는 한순간도 기도하지 않고는 살 수 없습니다.

> "항상 기뻐하라 쉬지말고 기도하라 범사에 감사하라 이는 그리스도 예수 안에서 우리를 향하신 하나님의 뜻이니라."

"쉬지말고 기도하라."는 말은 언제나 매사에 하나님을 의존해서 살라는 말씀입니다.

구하라 찾으라 두드리라

누가복음 11:5-13

예수님께서는 우리에게 기도의 모델인 주기도문을 가르치신 후에 기도의 자세에 대해 비유로 가르치십니다.

I. 그 간청함을 인하여

물론 하나님은 우리의 아버지로서 우리가 무엇을 구하기 전에 우리에게 무엇이 필요한 지 다 알고 계십니다. 그럼에도 불구하고 우리에게 기도하라고 하십니다. 그것도 아주 간절하게 간청함으로 기도하라고 하십니다. 왜 그렇게 하실까요? 그 이유를 우리는 잘 알지 못합니다. 아마도 우리가 하나님께 의존적이지 않고서는 살 수 없다는 진리를 계속적으로 반복해서 알게 하고자 하시는 것 같습니다. 여하튼 우리는 스스로의 힘만으로 이 험한 세상을 살 수 없습니다. 우리 인생 앞에는 크고 작은 문제들이놓여 있습니다. 우리의 삶에 아무 어려운 문제가 없다면 우리는 하나님을 의식하지 않고 살 수도 있습니다. 그러나 우리의 힘으로 스스로 해결할 수 없는 문제가 닥칠 때 우리는 간절한 마음으로 하나님을 찾고 기도하게 됩니다. 따라서 인생의 문제와 어려움은 우리로 하여금 하나님께 나아가게 하는 기회입니다. 하나님을 인격적으로 만날 수 있게 하는 은혜

(?)입니다.

또 간절히 기도로 구한 후에는 찾고 두드리라고 하십니다. 이를 통해 예수님은 우리의 삶에 대한 긍정적인 자세를 가르치십니다. 되면 좋고 안 되도 그만이라는 막연한 자세보다는 나의 삶에 필요한 모든 것에 대해 간절한 마음으로 구하고, 찾고, 두드리는 진취적인 자세를 가르치고 있습니다. 기도란 우리의 삶에 대한 긍정이요 하나님 안에서 그 삶을 발견하고자 하는 치열하고 간절한 자세입니다. 이런 이에게는 하나님께서 그 인생의 문을 활짝 열어 주실 것입니다. 생명(生命)은 살라고 하는 명령이기 때문입니다.

II. 성령을 주시는 하늘 아버지

그러나 하늘에 계시는 우리 아버지는 우리가 구하는 모든 것을 주시지는 않습니다. 한 목사님은 하나님께서 항상 기도에 응답하시는 데 세 가지 방법(yes, no and wait)으로 하신다고 했습니다. 왜 그렇게 하실까요? 그것은 바로 우리에게 가장 좋은 것을 주시기 위함입니다. 예수님은 하늘의 아버지께서 우리에게 성령을 주신다고 하십니다. 그 어떤 것보다 크고 좋은 것이 바로 성령 하나님께서 우리와 함께하시는 것입니다. 아멘!

하나님 나라가 이미 너희에게 임하였느니라

누가복음 11:14-28

예수님께서 한 말 못하게 하는 귀신을 쫓아내시니 귀신이 나가고 말 못하는 사람이 말하게 되었습니다. 이를 보고 무리들이 놀랍게 여겼습니다. 이런 놀라운 은혜의 사역을 본 사람들의 반응은 갈립니다. 한 부류는 하나님의 은혜를 감사하고 찬양하기도 하고, 한 부류는 예수님을 시기하고 비판합니다. 또 더 많은 하늘로부터 오는 표적을 요구했습니다. 예수님은 이들의 생각을 다 아셨습니다.

I. 귀신의 무장을 해제시키는 강하신 예수님

어떤 사람들이 예수님께서 귀신의 우두머리 바알세불의 힘을 빌려 귀신을 쫓아낸다고 비난했습니다. 이에 예수님은 귀신이 어떻게 같은 편인 귀신을 쫓아낼 수 있느냐면서 자신은 하나님의 손을 힘입어 귀신을 쫓아낸다고 하셨습니다. 귀신보다 더 강하신 예수님께서 오셔서 이 땅에 하나님 나라를 세우시고 귀신들에게 속해 있는 사람들을 구해내신다고 하셨습니다.

아담의 타락 이후 이 세상은 사탄과 귀신이 지배하는 듯 유보된 상태로 있습니다. 지금도 여전히 악한 세력이 이기는 것처럼 보일 때도 있습니다. 그러나 예수님께서는 자신이 오심으로 인하여 이미 하나님 나라가 우리에게 임하였다고 선포하십니다. 우리는 예수를 우리의 주님이요 왕으로 모심으로 이미 사탄, 바알세불의 나라에서 하나님 나라로 옮겨졌습니다. 우리에게 임한 하나님 나라는 '이미, 그러나 아직'의 상태입니다. 귀신에 붙잡혀 있던 한 사람이 풀려나서 자유를 얻게 되는 사건을 통해서 하나님 나라가 이미 우리에게 임했다는 진리를 알고 기뻐해야 합니다. 아직은 전 우주에 편만하게 하나님 나라가 완전하게 임하지는 않았지만 예수를 왕이요, 주요, 그리스도로 받아들인 사람들의 마음과 그들의 삶의 영역에는 이미 이 은혜와 사랑과 평화와 능력의 하나님 나라가 임하였습니다.

이 두 나라의 전쟁터에서 우리는 분명히 예수님의 편에서 군사로서 이 싸움을 수행해야 합니다(23절). 그러나 사탄은 우는 사자와 같이 우리를 넘어뜨리기 위해 안간힘을 다 씁니다. 우리는 이 귀신의 세력에 비해서는 너무나 약합니다. 따라서 늘 깨어서 귀신보다 더 강하신 예수님과 성령님의 도움을 받아야 합니다. 우리가 더 강한 자, 예수님의 편에 있기만 하면 승리는 보장되어 있습니다. 두려워할 필요는 없습니다.

II. 하나님의 말씀을 듣고 지키는 자가 복이 있느니라

한 여인이 예수님의 육신의 어머님이 복이 있다고 했을 때 오히려 말씀을 듣고 지키는 자가 복이 있다고, 하나님 나라는 육신의 혈통이 아니라 하나님의 말씀을 듣고 지키는 것으로 선포되고 확장된다고 말씀하십니다.

요나의 표적

누가복음 11:29-36

무리가 모였을 때에 예수님께서 말씀하셨습니다. 하나님의 말씀을 믿지 않는 악한 세대, 불신앙의 세대는 예수님을 시험하여 표적을 구하나 예수님은 요나의 표적(sign) 밖에는 보일 표적이 없다고 말씀하십니다. 요나가 물고기 뱃속에서 기적적으로 구원받아 니느웨 사람들에게 나타나 회개를 선포한 것처럼 예수님께서도 기적적으로 죽음에서 일어나 부활하실 것을 말씀하십니다.

I. 솔로몬보다 더 큰 이, 요나보다 더 큰 이

예수님은 하나님의 아들이 오셔서 하나님 나라의 복음을 선포하시고 하나님께로 돌아오라는 회개의 메시지를 전하시지만 거부하는 악한 세대를 향해 오히려 그들이 개처럼 여기는 이방 사람들의 정죄를 받게 될 것이라 말씀하십니다. 남방 여왕은 솔로몬의 지혜에 관한 소문을 듣고 그 말을 듣기 위해 땅끝에서부터 찾아왔습니다. 니느웨 사람들도 요나의 전도를 듣고 회개하였습니다. 따라서 솔로몬보다 더 크신 이, 요나보다 더 크신 이인 예수님의 말씀을 듣고도 회개하지 않는 자들에게는 화가 있을 것입니다. 하나님 나라는 회개하는 자들의 것입니다.

II. 네 몸의 등불은 눈이라

태양이 없는 이 세상은 어둡고 고독한 지옥이나 다름없는 것처럼 하나님의 진리의 빛은 다른 어떠한 축복에도 비교할 수 없을 만큼 가치 있는 것으로, 진리의 빛을 잃어버린 사람은 세상의 모든 것을 다 얻을지라도 위안 받을 수 없습니다. 예수님과 그분의 복음의 말씀은 집안에 들어오는 사람들을 비추는 등불과 같습니다. 주님을 가리는 장애물이 없는 순수한 내적인 상태에 있는 사람은 그분의 가르침을 밝히 깨닫게 됩니다. 우리는 복음의 섭리 아래에 있는 이 세대에 이미 충분하고 완전한 십자가와 부활의 표적이 부여되고 있음에도 불구하고 계속 표적을 구하는 악한 세대에서 우리의 마음을 지켜 공허하고 속된 편견에 사로잡히지 않도록 해야 합니다.

눈은 바른 마음의 가치관을 의미합니다. 자신의 욕망이나 편견으로 삐뚤어지지 않는 마음을 가질 때 우리는 빛 되신 예수님의 말씀을 빛으로 받아들이고 빛 가운데 행할 수 있습니다.

> "의인의 길은 돋는 햇살 같아서 크게 빛나 한낮의 광명에 이르거니와"(잠 4:18)

우리 죄의 장막으로 인하여 주님의 빛이 가려지지 않도록 주님의 음성에 귀 기울이며 사소한 불순종이나 죄마저 반드시 회개하고 양심의 세미한 소리에 귀를 기울여야 합니다.

화
있을진저

누가복음 11:37-54

오늘 본문에서는 예수님께서 "화 있을진저."라는 말씀을 반복하십니다. 예수님께서 보실 때 무엇이 그렇게 심각한 악한 행위일까요?

I. 공의와 하나님께 대한 사랑을 버림

식사할 때 손을 씻지 않으신 예수님을 비판하는 바리새인들을 향해 예수님은 그릇의 겉과 속을 다 깨끗하게 해야 한다고 말씀하십니다. 겉으로는 하나님께 십일조를 엄격하게 구별해서 드리지만 공의를 행하지 않고 가난한 자들을 구제하지 않을 때 우리에게 화가 미칩니다.

II. 높은 자리에서 문안 받기를 기뻐함

대접받기를 좋아하고 높은 자리에 올라가기를 기뻐하는 사람에게 화가 있습니다. 예수님의 사람들은 섬기는 자가 되어야 합니다.

III. 말로만 가르침

다른 사람들에게 어려운 짐을 지우고 자신은 손가락 하나도 움직이지 않는 율법 교사들에게 화가 있습니다.

IV. 선지자들을 죽임

선지자들은 하나님의 공의와 사랑을 전하면서 회개를 촉구했습니다. 그러나 창세 이후로 그들은 언제나 박해를 받고 심지어 죽임을 당했습니다. 아벨과 사가랴의 피가 그것을 증언합니다. 오늘날도 회개를 선포하는 주의 종들은 인기가 없습니다. 그러나 기복적인 말씀을 전하는 사람들에게 무리들이 몰려듭니다.

V. 하나님 나라의 열쇠를 가지고도 들어가고자 하는 자를 막음

율법 교사들은 지식의 열쇠를 가지고 있습니다. 그런데 그 열쇠를 가지고 자신도 그 지식 안으로 들어가지 않고 또 들어가고자 하는 자도 막습니다. 오늘날 우리 교회의 모습이 그러한지 살펴보아야 합니다.

주님, 주님의 피끓는 절규를 듣습니다. 저희가 언제나 겸손하고 섬기는 주의 종들이 되게 하소서! 아멘!

L U

K E

사람들 앞에서 나를 시인하라

누가복음 12:1-12

예수님께서 하나님 나라의 복음을 선포하시고 병자를 고치시며 귀신들을 쫓아내시는 표적을 행하시자 무리 수만 명이 모여 서로 밟힐 만큼 되었습니다. 이에 예수님께서는 제자들에게 몇 가지 경고의 말씀을 하셨습니다.

I. 바리새인들의 누룩 곧 외식을 주의하라

사람들이 많이 모이고 공동체가 커지면 지도자들은 자연스럽게 사람들의 인기에 영합하게 됩니다. 그들의 평가에 예민하게 되고 심지어 더 나아가서는 내면과 겉이 다른 행동을 하게 됩니다. 바리새인들은 율법적으로 매우 경건한 생활을 하는 것처럼 보였습니다. 하지만 그들의 내면이나 실제로 다른 사람들이 없는 곳에서는 전혀 다른 삶을 살았습니다. 왜 그렇게 외식하는 삶을 살게 될까요? 예수님께서는 두 가지 이유를 말씀하십니다.

첫째로 그들은 그들의 내면이나 남에게 보이지 않는 삶이 드러나지 않을 것이라 생각했기 때문입니다. 그러나 예수님은 감추인 것이 드러나지 않는 것이 없고 심지어 골방에서 어두운 곳에서 말하고 행동한 것이 다 드러나고 전파된다고 말씀하십니다. 결국 하나님의 심판 앞에서는 모든 것이 밝히 드러납니다.

둘째로 그들은 현재 자신들에게 불이익을 줄 수 있는 왕들이나 권력자들을 두려워했지 종말에 공의로 심판하시는 보이지 않는 하나님을 두려워하지 않았기 때문이라고 예수님께서는 말씀하십니다. 세상의 권력자들은 우리의 목숨을 죽일 수는 있으나 우리의 양심을 빼앗아갈 수는 없습니다. 그러나 하나님은 우리에게 영생과 지옥의 공의로운 심판을 주십니다. 우리가 진실로 두려워해야 할 분은 하나님이십니다.

II. 하나님은 우리를 결코 잊지 않으십니다

심판하시는 하나님을 생각하면 우리는 두렵고 떨립니다. 하지만 예수님께서는 다섯 마리가 두 앗시리온에 팔리는 참새들마저도 하나도 잊지 않으시고 돌보시는 분이라고 역설적으로 가르시십니다. 심지어 우리의 머리털까지도 다 세고 계신다고 하시면서 우리가 하나님 앞에서 얼마나 귀한 존재인지 말씀해 주십니다. 우리가 그리스도에게 속해 있기만 하면 우리는 하나님의 한량없는 사랑과 완벽한 보호를 받는 자녀가 됩니다. 인자 되신 예수님을 시인하고 우리의 주로 받아들일 때 그 모든 특권을 부여받게 됩니다. 그러나 성령께서 초청하시는 음성을 끝까지 거부하면 용서받지 못합니다. 그리스도의 제자들은 언제나 성령님의 세미한 음성을 듣고 성령께서 주시는 말을 해야 합니다. 그러할 때 우리는 언제 어디서든지 아무도 두려워하지 않고 당당하게 살 수 있습니다.

사람의 생명이 그 소유의 넉넉한 데 있지 아니하니라

누가복음 12:13-34

인간 세상에서 돈의 문제는 항상 매우 중요한 주제입니다. 에리히 프롬은 『소유냐 존재냐』(*Haben und Sein*)라는 책을 써서 인간이 존재의 문제를 더 다루어야 한다고 주장했습니다. 오늘 본문에서 우리 생명의 주인이신 예수님도 비슷한 말씀을 하십니다.

I. 삼가 모든 탐심을 물리치라

무리 중에 한 사람이 예수님께 나아와 자기 형과의 유산분쟁 문제를 해결해 주시기를 간청했습니다. 이에 예수님은 그 요구를 거절하시면서 자신의 물질관을 가르치셨습니다.

> "모든 탐심을 물리치라 사람의 생명이 그 소유의 넉넉한 데 있지 아니하니라."

문제의 핵심은 자신이 가지고 있는 것보다 더 많이 가지려고 하는 '탐심'이라고 지적하십니다. 탐심이 있을 때 서로 사랑해야 할 형제 사이에 분쟁이 있습니다. 심지어 이 탐심이 바로 우상숭배라고 야고보 사도는 말했습니다.

우리의 생명은 그 소유의 넉넉한 데 있지 않고 오히려 그 소유를 나누어 주는 넉넉한 마음에 있음을 한 어리석은 부자의 비유를 들어 말씀하십니다. 그것이 소유를 통해 하나님께 부요한 자가 되는 길입니다.

II. 염려하지 말라

그러나 예수님을 따르기 위해 모든 것을 버린 제자들은 장기간의 가난한 삶으로 인해 염려와 두려움에 빠질 수 있습니다. 그런 제자들을 향해 그 유명한 '까마귀와 백합화의 비유'를 통해 무엇을 먹을까, 무엇을 입을까 염려하지 말라고 하십니다. 그 이유는 첫째로 염려함으로 조건이 나아지지 않는다고 하시고, 둘째로 까마귀보다 백합화보다 더 귀한 우리를 하늘 아버지께서 먹이시고 입히신다는 것을 믿으라고 하십니다. 오히려 적극적으로 하나님 나라를 구하라고 하십니다. 그리하면 하나님께서 모든 필요한 것들을 주신다고 하십니다.

더 나아가 소유를 팔아 구제하여 낡아지지 않는 하늘의 배낭을 만들라고 하십니다.

"너희 보물이 있는 곳에 너희 마음도 있느니라."

예수님은 우리의 소유를 보물이라고 하셨습니다. 그러므로 소유가 귀한 것이기는 하지만 더 귀한 가치인 하나님 나라에 인생을 투자하라고 말씀하십니다. 나눔의 가치가 소유의 가치보다 더 크다고 말씀하십니다.

깨어 준비하고 있으라

누가복음 12:35-48

물질에 대한 탐심의 문제, 염려의 문제를 지적하신 후에 예수님은 신자들이 항상 깨어 있어야 함을 말씀해 주십니다. '깨어 있다'는 뜻이 무엇일까요?

I. 준비하고 있으라

"허리에 띠를 띠고 등불을 켜고 서 있으라."

이 말씀은 우리의 신앙생활이란 언제나 경각심을 가지고 미래를 준비하는 삶이라는 것을 가르쳐 줍니다. 우리 인간은 우리의 삶이 언제 끝날지 모릅니다. 또 우리의 주 예수님께서 언제 재림하실지 모릅니다. 이런 이중적인 종말에 대비해서 우리는 늘 깨어 있어야 합니다. 인자의 긴박한 재림을 우리는 실제로는 잘 실감하지 못합니다. 또 젊고 건강한 우리들이 갑자기 이 세상을 떠난다는 사실이 잘 실감이 안됩니다. 하지만 이 두 가지 명제는 언제나 진리입니다. 우리의 생명은 하나님의 손에 있습니다. 예수님의 재림도 하나님께 달려 있습니다. 도적같이 임하는 종말에 대해 우리는 준비해야 합니다.

깨어 있어서 종말을 준비해야 한다는 말씀은 하늘만 처다보고 있으라는 이야기가 아닙니다. 오히려 현재 지금 여기서 맡은 사명을 충성스럽게 감당하라는 말씀입니다. 주인이 맡기신 양식을 다른 종들에 나누어 주고 주인의 일에 항상 기쁨으로 동참하는 것을 의미합니다. 우리의 주되신 예수님께서 맡기신 복음을 이웃과 나누고 그들을 섬기는 일을 진실된 마음으로 하라는 것입니다. 그런 종들에게는 복이 있다고 주님께서 말씀하십니다. 그러나 그렇게 하지 않고 마치 이 모든 자원이 자기 것인 양 먹고 마시며 다른 종들을 때리는 종들은 주인이 불식간에 오셔서 그들을 심판하신다고 하십니다.

오늘 본문을 통해서 우리의 생명이 우리에게 속해 있지 않다는 진리를 배웁니다. 우리는 생명과 생명에 속한 모든 자원을 하나님으로부터 잠시 위탁받은 청지기입니다. 하나님께서 원하시면 그분은 언제나 우리가 받아 누리는 모든 지위와 생명을 거두실 수 있습니다. 그러므로 우리가 해야 할 일은 늘 깨어서 감사하고 그분의 뜻대로 진실되고 충성스럽게 행하는 것입니다. 내일 지구의 종말이 오더라도 오늘 나는 사과나무를 심겠다고 한 개혁자 루터의 말처럼 미래를 준비하지만 현재를 충성된 청지기의 자세로 살아내는 자들은 복 있는 자들입니다.

불을 던지러 오신 예수님

누가복음 12:49–59

예수님께서는 이 땅에 화평을 주시려고 오셨습니다. 분쟁과 다툼, 미움과 전쟁이 끊임없는 이 세상에 자기 비움과 자기를 부인하고 십자가의 길을 따르는 사람들을 통해 화해와 평화의 나라를 이루시고자 하십니다. 그런데 오늘 본문에는 매우 엉뚱한 말씀이 나옵니다. 오히려 정반대의 말씀이 나옵니다. 예수님은 자신이 화평을 주려고 오신 것이 아니라 도리어 분쟁하게 하려고 왔다고 말씀하십니다(51절). 우리가 이 말씀을 어떻게 이해해야 할까요?

I. 답답한 예수님의 마음

49절에서 예수님은 내가 불을 땅에 던지러 왔는데 아직 그 불이 이 땅에서 붙지 않았다고 하시며 답답하다고 하십니다. 자신이 받을 세례, 즉 십자가는 다가오는데 이 세상은 아직 자신이 이 세상을 향해 던지는 메시지를 이해하지 못하고 있다고 말씀하십니다. 예수님의 말씀은 매우 급진적입니다. 이제까지 가지고 있던 가치관을 완전히 뒤집는 그런 혁명적인 말씀입니다. 누구든지 이 예수님의 하나님 나라 복음을 받아들이면 그 심령에 불이 붙어 온전히 자신을 태우고 하나님 나라 운동에 헌신하게 됩니다. 그렇게 되면 기존의 전통과 충돌하게 됩니다. 가족들이 그런 사람들을 향해 미쳤다고 하고 말리게 됩니다. 아버지와 아들과 어머니와 딸이 또 며느리와 시어머니가 서로 다른 가치관을 가지고 분쟁하게 됩니다. 이렇게 심각한 가치관의 논쟁과 삶의 변화된 태도로 인한 찬반 토론이 치열하게 일어나게 됩니다.

한 가정에서뿐만 아니라 사회와 국가에서도 예수님의 복음과 복음의 사람들은 기존의 전통과 충돌하고 혁명적으로 그 사회와 공동체를 개혁하려고 합니다. 그 사이에 분쟁이 있을 수밖에 없습니다.

그런데 오늘 우리는 어떻습니까? 물에 물 탄 듯 술에 술 탄 듯 예수님의 그 놀라운 하나님 나라의 복음을 들어도 아무런 변화가 없고 그저 '평화롭고 은혜스러운' 것이 좋다고 있지는 않은지요? 이러한 점에서 예수님은 답답하다고 말씀하십니다. 이 예수님의 답답한 마음을 이해한 바울과 바울의 동역자들은 후에 '세상을 요란하고 진동하게 하는 자들'이라는 비난을 듣습니다. 바로 그 비난을 들은 그들은 결국 전 유럽을 복음화하는 주의 종들이 되었습니다. 이 땅에 사랑과 진리의 성령의 불을 던지러 오신 예수님을 찬양합니다.

II. 시대를 분간하라

예수님께서는 우리들이 날씨를 분간하듯이 이 시대도 분간하라고 하십니다. 종말이 얼마 남지 않았기 때문에 되도록 빨리 회개하고 하나님께 돌아와 다가올 심판을 피하라고 하십니다.

LU
KE
13
장

회개하지 아니하면

누가복음 13:1–9

사람들은 보통 자연재해나 어떤 끔찍한 사건을 경험하면 그 피해를 본 사람들이 평상시 죄를 지어서 그런 어려움을 겪었다고 단정해 버립니다. 그리고 애써 그 사건을 외면하거나 기억에서 지워버리려고 합니다. 그러나 예수님의 견해는 다릅니다

I. 다 이와 같이 망하리라

두어 사람이 예수님께 나아와서 빌라도가 어떤 갈릴리 사람들의 피를 그들의 제물에 섞은 일을 아뢰었습니다. 우리는 무슨 일로 빌라도가 그렇게 했는지 잘 알지 못합니다. 아마도 로마 총독 빌라도는 갈릴리에 있던 열심당들의 반역에 대해 엄한 징계를 명했는지도 모릅니다. 여하튼 이 일은 사람들 사이에서 엇갈린 견해가 있었던 것 같습니다. 한쪽은 이들은 죄가 없다. 빌라도가 너무 심한 징벌을 내린 것 같다. 다른 한쪽은 그들의 죄가 그런 징계를 자초했다. 그렇게 생각했습니다.

이를 들은 예수님은 그 원인에 대해서는 아무런 견해도 피력하지 않으시고 다만 너희들도 회개하지 아니하면 다 이와 같이 망하리라고 경고하

십니다. 또 실로암에서 망대가 무너져 18명이 한번에 죽은 사건을 언급하시면서 이들도 남들보다 더 죄가 많아 그렇게 된 것이 아니라 하시며 너희도 만일 회개하지 아니하면 다 이와 같이 망하리라고 거듭 경고하십니다. 이 말씀은 역설적으로 만일 우리가 회개하면 비록 자연과 사고로 인한 재난은 항상 있을 것이지만 하나님께서 우리의 영혼을 궁극적으로 받아주시고 구원해 주신다는 은혜의 말씀이요 사랑의 격려입니다.

II. 그렇지 않으면 찍어버리소서

예수님께서 또 한 비유를 말씀하셨습니다. 한 사람이 포도원에 무화과나무를 심었습니다. 그런데 삼 년이 지나도록 이 나무는 열매를 맺지 못했습니다. 그래서 주인이 그 나무를 찍어 내버리려고 했습니다. 그때 그 포도원을 가꾸던 포도원지기가 주인에게 한 번만 더 기회를 달라고 청했습니다.

> "내가 두루 파고 거름을 주리니 이 후에 만일 열매가 열면 좋거니와 그렇지 않으면 찍어버리소서."

이에 주인은 한 번 더 기회를 준 것 같습니다.

이 비유를 통해서 예수님께서는 자신을 하나님 앞에서 우리를 변호하시며 우리에게 다시 한번 기회를 주시는 포도원지기의 모습으로 나타내십니다. 또 우리에게 회개의 급박함을 이 비유를 통해 드러내십니다. 회개와 그에 따르는 합당한 열매가 지금 우리에게 필요합니다. 예수님의 "한 번만 더 …" 하시는 그 안타깝고 애타는 절규를 우리는 들어야 합니다.

안식일의 진정한 의미

누가복음 13:10-17

예수님께서 안식일에 한 회당에서 가르치셨습니다. 그때에 18년 동안이나 귀신들려 앓으며 꼬부라져 조금도 펴지 못하는 한 여자가 있었습니다. 예수님은 이 여인을 주목하여 보시고 그 눌림에서 해방하고자 하셨습니다. 오늘 본문에서 우리는 인간을 억압하는 두 가지 세력을 볼 수 있습니다.

I. 귀신과 병에 억눌린 여인

저자 누가는 이 여인이 18년 동안 귀신들려 앓으며 꼬부라져 펴지 못하는 고통을 안고 살았다고 증언합니다. 오늘날 과학으로 이 여인이 어떤 병을 앓고 있는지 알아낼 수 있을지도 모릅니다. 하지만 그 당시에는 보편적으로 인간을 병으로 괴롭히는 세력이 귀신인 것으로 생각했습니다. 이 여인은 그 병으로 인해 18년 동안이나 허리를 펼 수 없었습니다. 인간의 존엄은 허리를 펴는 데 있습니다. 그래야 만물의 영장으로 당당하게 살 수 있습니다. 마귀와 그 졸개들은 우리 인간을 여러 가지 병이나 가난, 자연재해 등으로 움츠러들고 허리를 펴지 못하고 비굴하게 살게 만듭니다. 그러나 예수님은 이 여인을 그 귀신과 병의 눌림에서 해방하였습니다.

"여자여 네가 네 병에서 놓였다."

그리고 안수하셨습니다. 그때 이 여인은 모든 눌림에서 자유함을 얻고 허리를 펴고 하나님께 영광을 돌렸습니다. 인간의 존엄을 회복했다는 영광스러운 선포입니다. 우리는 그리스도 안에서 존귀하고 영광스러운 하나님의 자녀로 자유와 해방의 삶을 당당하게 살 수 있습니다.

II. 율법에 억눌린 사회(공동체)

이렇게 이 여인이 병과 귀신의 눌림에서 자유함을 얻고 하나님께 영광을 돌리는 은혜의 사건을 경험했음에도 불구하고 그 놀라운 광경을 본 유대 사회와 공동체는 함께 기뻐하지 않고 오히려 예수님께 화를 냈습니다. 회당에 있던 회당장이 안식일에 병을 고치시는 예수님을 맹비난했습니다. 이에 예수님께서는 18년 동안이나 사탄에게 매인바 된 아브라함의 딸에게 해방을 주는 것이 바로 안식일에 해야 할 합당한 일임을 선포하셨습니다.

예나 지금이나 우리 사회나 공동체는 법과 힘으로 존엄한 인간을 억압합니다. 안식일 법은 본래 출애굽한 이스라엘 백성에게 노예로서의 노동에서 해방하는 자유의 법입니다. 이 해방의 정신이 오늘 우리 사회와 공동체에 필요합니다. 예수님의 하나님 나라 복음은 우리에게 임한 자유와 해방과 기쁨과 회복의 복음입니다.

구원을 받는 자가 적으니이까?

누가복음 13:18-30

예수님께서 각 성, 각 마을로 다니사 가르치시며 예루살렘을 향해서 한 걸음 한 걸음 나아가셨습니다. 여행 중에 어떤 사람이 예수님께 와서 물었습니다.

"주여 구원을 받는 자가 적으니이까?"

이 질문에 대해 예수님께서 대답하셨습니다.

I. 좁은 문으로 들어가기를 힘쓰라

예수를 따르는 길은 험하고 그 문은 좁습니다. 그러나 그 문은 누구에게나 열려 있습니다. 다만 우리는 그 좁은 문으로 들어가기를 힘쓰고 인내하며 험한 길을 끝까지 걸어야 합니다. 또 많은 사람이 함께 그 길을 가지 않는다 하더라도 소수의 친구들 형제자매들과 기쁨으로 서로 격려하며 그 길을 가야 합니다. 십자가의 도는 세상에서 미련한 것처럼 보입니다. 헬라인으로 대변되는 세상의 철학은 형이상학적인 지혜를 구하고 유대인으로 대변되는 종교는 신비스러운 표적을 구합니다. 그러나 예수님은 현실적인, 구체적인 삶에서의 희생과 사랑을 보여주시고 또 우리에게 그 길을 함께 가자고 청하십니다. 또 하나님이 정하신 기한 내에 결정을 미루지 말고 분명한 선택을 할 것을 요구하십니다. 오늘이 바로 구원의 날입니다.

II. 동서남북에서 올 사람들

예수님은 그 구원의 문이 닫힐 수도 있음을 경고합니다. 하나님의 아들께서 오셔서 말씀을 가르치시고 하나님 나라의 복음을 선포하셨음에도 끝내 그 복음을 거부한 자들은 그들이 비록 언약의 백성이라 할지라도 밖으로 쫓겨날 수도 있음을 경고하셨습니다. 그리고 동서남북에서 온 수많은 이방인들이 아브라함과 이삭과 야곱과 모든 선지자들과 함께 하나님 나라의 잔치에 참여할 것을 말씀하십니다. 그러면서 나중된 자로서 먼저 될 자도 있고, 먼저 된 자로서 나중 될 자도 있다고 하셨습니다.

구원은 회개하고 예수님을 영접하는 자들에게 베풀어주시는 은혜입니다. 다른 어떤 조건도 없습니다. 오늘 우리를 부르시는 그 음성에 응답하고 좁은 문으로 들어오라는 은혜의 초청을 받아들이면 하나님의 언약의 백성으로 인쳐지고 성령님과 함께 제자의 길을 걸을 수 있습니다. 이 제자의 여정에서 가장 경계해야 할 것은 교만과 방심입니다. 우리가 은혜로 이 길을 갈 수 있다는 사실과 이 길이 얼마나 영광스럽고 가치 있는가를 늘 마음에 새기고 기쁨으로 순례길을 걸어야 합니다.

내가
갈 길을 가야 하리니

누가복음 13:31-35

예수님께서 말씀하실 때에 어떤 바리새인들이 나아와서 헤롯이 예수님을 죽이려 한다고 위험을 알렸습니다. "여기를 떠나소서, 헤롯이 당신을 죽이려 하나이다." 아마도 세례 요한을 죽인 헤롯이 예수님마저 없애려고 한 것 같습니다. 여기에 대한 예수님의 대답을 통해 예수님의 삶과 죽음에 대한 자세를 배울 수 있습니다.

I. 오늘과 내일은

생명의 위험에 대한 소식을 들으신 예수님께서는 이렇게 대답했습니다.

> "너희는 가서 저 여우에게 이르되 오늘과 내일은 내가 귀신을 쫓아내며 병을 고치다가 제 삼일에는 완전하여지리라 오늘과 내일과 모레는 내가 갈 길을 가야 하리니 선지자가 예루살렘 밖에서 죽는 법이 없느니라."

예수님은 헤롯을 여우라 칭하며 그의 왕권을 인정하지 않았습니다. 그의 간사하고 기회주의적인 태도를 지적하셨습니다. 하지만 예수님의 생명은 그런 권력자들이 해할 수 없습니다. 자신의 사명을 다하는 날까지 예수님께서는 평상시대로 귀신을 내쫓고 병을 고치시며 하나님 나라의 복음을 선포하십니다. 우리의 삶은 하나님께 속해 있습니다. 하나님께서 거두어 가시는 그날까지 우리는 하나님께서 맡기신 사명을 수행해야 하고 그렇게 할 수 있습니다. 그것이 오늘과 내일 우리가 할 일입니다.

II. 제삼일에는 완전하여지리라

그러나 제 삼일에는 즉 죽음이 오지만 그 죽음을 통해 오히려 완전하여지신다고 말씀하십니다. 예수님은 죽음을, 피해야 할 것이 아니라 오히려 완성의 단계라고 하십니다. 그리스도인에게 죽음은 하나님께로 가서 연합하는 영화의 길입니다. 그러므로 오히려 기뻐하고 감사할 제목입니다. 사도 바울도 자신이 죽어서 예수와 연합하는 것이 가장 좋지만 사는 이유는 하나님께서 맡기신 사명을 감당해야 하기 때문이라고 빌립보서에 기록하고 있습니다. 이런 사람들은 세상이 감당할 수 없습니다.

예수님은 자신이 예루살렘에서 죽으실 것을 말씀하십니다. 자신은 죽음을 통해 부활과 승천으로 영화롭게 될 것이지만 자기를 죽일 예루살렘의 종교 지도자들과 백성들에게 미칠 심판을 생각하며 마음 아파하셨습니다. 어미의 마음으로 그들이 회개하고 돌이킬 것을 청하고 있습니다. 이 예수님은 주의 이름으로 다시 오십니다. 우리는 그날에 영광의 주님을 맞을 준비를 해야 합니다.

LU
KE
14
장

높은 자리에 앉지 말라

누가복음 14:1-14

안식일에 예수님께서 한 바리새인 지도자의 집에 식사를 하시기 위해 들어가 앉으셨습니다. 바리새인들은 예수님을 트집잡기 위해 엿보고 있었습니다. 거기에 수종병이 든 한 사람이 있었는데 예수님께서 그를 안식일임에도 불구하고 고쳐 주셨습니다. 수종병은 고창병이라고도 합니다. 혈관 밖으로 물이 나가 몸이 붓게 되고 결국은 죽게되는 당시로는 불치의 병이었다고 합니다. 예수님은 안식일 법조문에 매이지 않고 고통하는 한 사람을 불쌍히 여기셨습니다. 이를 통해 바리새인들의 문제를 지적하시고 도전하셨습니다.

I. 자기를 낮추는 자는 높아지리라

예수님께서는 계속해서 바리새인들의 다른 문제들을 지적하십니다. 바리새인들은 보통 혼인 잔치에 청함을 받으면 종교 지도자의 자격으로 상석에 앉게 됩니다. 그런데 예수님은 스스로 높은 자리에 앉지 말라고 하십니다. 혹시나 더 높은 분이 초대되었을 경우 그 상석을 비켜 주고 끝자리에 가서 앉아야 하는 수모를 당하게 된다고 하십니다. 차라리 끝자리에 가서 앉아 있을 때에 주인이 와서 그를 상석으로 옮겨주는 것이 훨씬

낫다고 하십니다. 결론적으로 자기를 높이는 자는 낮아지고 자기를 낮추는 자는 높아지리라고 말씀하십니다.

어떻게 보면 너무나 당연한 진리이지만 실제로 이렇게 행동하기란 쉽지 않습니다. 인간의 욕망 중에 높아지고자 하는 욕망은 너무나 강합니다. 첫 사람 아담의 타락도 결국 이 높아지고자 하는 욕망을 제어하지 못한 것에서 출발했습니다. 하나님의 통제를 받지 않고 스스로 존재하고자 하는 욕망, 다른 사람을 나의 통제 아래 두고자 하는 욕망은 근본적으로 나의 위에 계시는 하나님을 인정하지 않는 것에서 나옵니다. 또 하나님께서 나를 얼마나 존귀하고 영광스럽게 여기고 사랑하시는지를 모르는 자존감의 결핍에서 나옵니다.

II. 갚을 수 없는 자들에게 선을 베풀라

우리는 보통 나에게 추후에라도 뭔가를 잘 해줄 사람과 관계를 맺고 싶어 합니다. 이웃의 경조사에 내가 어느 정도 도움을 주면 나의 경조사에도 이웃들의 도움을 받을 수 있다는 기대를 합니다. 그런데 예수님은 그렇게 갚을 능력이 없는 자들을 잔치에 초대하고 선을 베풀라고 하십니다. 그렇게 함으로서 의인들의 부활시에 하나님의 보상을 받게 된다고 하십니다. 하나님의 상급을 기대하고 하나님 나라를 소망하는 자는 기꺼이 나누고 베푸는 삶을 살게 됩니다.

내 집을 채우라

누가복음 14:15-24

예수님과 함께 식사하던 사람 중 한 분이 "하나님 나라에서 떡을 먹는 자는 복되도다." 하고 말했습니다. 이에 예수님은 비유로 하나님 나라 잔치에 대해 말씀하십니다.

I. 오소서 모든 것이 준비되었나이다

하나님 나라는 잔치에 비유됩니다. 기쁘고 즐겁고 풍성한 곳입니다. 잔치는 무엇보다 많은 사람들이 초청되어 함께 초청한 주인의 즐거움에 참여하는 곳입니다. 거기에 의미가 있습니다. 모든 준비가 완벽하게 되었습니다. 우리는 그 초청에 응하여 주인의 즐거움에 참여하고 기쁨을 함께 누리기만 하면 됩니다. 이 하나님 나라를 준비하는 일에 우리가 할 일은 없습니다. 창조시 아담을 위하여 하나님께서 모든 것을 준비하신 것과 같습니다. 심지어 이 잔치의 주인이신 예수님께서 스스로 십자가에서 죽으심으로 우리를 위하여 새 예루살렘을 준비하셨습니다. 그리고 초청하십니다.

"오호라 너희 목마른 자들아 물로 나아오라 돈 없는 자도 오라 너희는 와서 사 먹되 돈 없이, 값 없이 와서 포도주와 젖을 사라"(이사야 55:1).

II. 핑계를 대는 사람들

이렇게 모든 것을 완벽하게 준비한 후에 잔치에 올 사람들을 초청했습니다. 그런데 그 초청을 받은 사람들의 반응은 시큰둥했습니다. 그리고 여러 핑계를 대며 그 초청을 거절했습니다. 한 사람은 밭을 사서 가 봐야 한다 하고 또 한 사람은 소 다섯 겨리를 사서 시험하러 가 보아야 한다고 말했습니다. 또 한 사람은 장가를 들어서 아내를 기쁘게 해야 하기 때문에 못간다고 말했습니다. 참으로 사람들의 핑계는 다양합니다. 저마다 이유가 있습니다. 하나님 나라보다는 세상의 일이 재미있기도 하고 분주하기도 해서 하나님 나라의 일에 관심이 없습니다. 이러한 사실을 알게된 주인이 심히 노하여 "빨리 시내의 거리와 골목으로 나가서 가난한 자들과 몸 불편한 자들과 맹인들과 저는 자들을 데려오라."고 명했습니다. 그래도 자리가 비자 길과 산울타리가로 나가서 사람을 강권하여 내 집을 채우라고 하였습니다.

이를 통해 하나님의 간절한 마음과 사람들의 냉소적인 태도를 배울 수 있습니다. 사실 하나님 나라는 나의 모든 소유를 팔아서 사야 하는 진주와 같이 값진 것입니다. 그럼에도 불구하고 사람들은 세상의 분주함과 요란함 때문에 그 가치를 알아보지 못합니다. 그러나 가난하고 병든 세상이 보기에 쓸모없는 자들이 하나님의 일방적인 은혜로 하나님 나라에 들어가게 됩니다. 그러나 원래 초청을 받았던 자들은 하나도 그 영광의 잔치에 참여하지 못하게 됩니다.

들을 귀 있는 자는 들을지어다

누가복음 14:25-35

예수님은 하나님 나라의 잔치에 대한 세상 사람들의 여러가지 핑계와 냉소적인 태도에 대해 말씀하셨습니다. 일상생활의 분주함과 소소한 인간관계로 인해 정말 중요한 가치인 하나님 나라로의 요청을 잃는 것을 경계하셨습니다. 오늘 본문에서는 우리가 은혜로 받은 이 하나님 나라를 어떠한 자세로 지켜야 하는지 말씀해 주십니다.

I. 자기 목숨까지 미워하지 아니하면 …

예수님께서 이렇게 여러 가지 비유로 하나님 나라의 복음을 설명하실 때에 수 많은 무리가 예수와 또 그의 제자들과 함께했습니다. 아마도 예수님의 사랑과 은혜에 감동되기도 하고 또 자신들의 병이나 고통에서 해방을 받고자 했을 것입니다. 그런데 예수님은 매우 엄중한 말씀을 하십니다.

> "무릇 내게 오는 자가 자기 부모와 처자와 형제와 자매와 더욱이 자기 목숨까지 미워하지 아니하면 능히 내 제자가 되지 못하고 …"

하나님 나라는 그 가치에서 이 세상의 어떤 것보다 더 소중합니다. 이 세상에서 가장 소중한 것은 가족일 것입니다. 그리고 자기의 목숨일 것입니다. 그런데 심지어 자기 목숨보다도 더 소중하고 가치있는 것이 예수님과 그의 나라를 따르는 것이라고 말씀하십니다. 그 가치를 아는 자만이 자기 십자가를 지고 예수를 따를 수 있다고 말씀하십니다. 나 같은 자에게 값없이 주어진 은혜가 어떤 것인지 아는 자는 예수님과 하나님 나라를 가장 우선적으로 섬기게 됩니다. 'Amazing Grace'를 아는 이는 'Amazing Life'를 살게 됩니다.

II. 그 비용을 계산해 보라

예수님은 계속해서 어떤 사람이 망대를 세우고자 할진대 자기의 가진 것이 준공하기까지에 넉넉한지 미리 계산을 해볼 것이라는 매우 상식적인 이야기를 하십니다. 만약 비용이 모자라서 중도에 공사를 중단하게 된다면 비웃음을 받게 될 것이라고 하십니다.

마찬가지로 어떤 임금이 다른 임금과 싸우러 갈 때에 자신의 나라의 군대의 전력을 미리 가늠하여 보고 전쟁을 수행하든지 아니면 화친을 청하든지 할 것이라 하시며 이 세상에서 예수를 따르는 길이 매우 어렵고 긴 여정이 될 것을 말씀하십니다. 따라서 이 은혜의 길을 인내로 분명한 가치관으로 가야함을 말씀해 주십니다. 소금은 소금의 짠 맛을 지녀야 합니다. 예수님의 제자들은 하나님 나라의 가치관으로 무장되어 있어야 합니다. 들을 귀 있는 자는 들을지어다.

L U

K E

나의 잃은 양을 찾아내었노라

누가복음 15:1-10

모든 세리와 죄인들이 말씀을 들으러 가까이 나아왔습니다. 이들은 예수님의 사랑과 회개를 촉구하는 말씀에 적극 반응했습니다. 말씀의 씨앗이 옥토에 떨어져 많은 열매를 맺었습니다. 그런데 그중에는 이 말씀에 적극 반응하기보다는 말씀에 꼬투리를 잡기 위해 온 바리새인과 서기관들이 있었습니다. 이들은 수군거리며 예수님께서 죄인을 영접하고 음식을 같이 먹는다고 비방했습니다. 이에 그들을 향해 예수님께서 비유로 말씀하셨습니다.

I. 아흔아홉 마리를 들에 두고

예수님께서는 한 목자가 양이 백 마리가 있는데 그중에 하나를 잃으면 아흔아홉 마리를 들에 두고 그 잃은 것을 찾아내기까지 찾아다니지 아니하겠느냐고 물으십니다. 이것이 목자의 마음입니다. '실용적'인 목자라면 그까짓 고집 센 한 마리가 무슨 소용이 있을까 하면서 나머지 아흔아홉 마리를 더 잘 지키고자 했을 것입니다. 그러나 예수님은 그런 계산적인 목자가 아니십니다. 예수님은 시간과 정성을 들여 심지어 자신의 삶을 드려 잃어버린 양 한 마리를 찾고자 하십니다.

그리고 마침내 그 잃은 양을 찾았을 때 크게 기뻐하며 친구들과 이웃들과 함께 잔치를 베푸는 목자의 기쁨을 말씀하십니다. 이렇게 죄인 한 사람이 회개하면 하늘에서는 회개할 것이 없는 의인 아흔아홉으로 말미암아 기뻐하는 것보다 더 큰 기쁨의 잔치가 있다고 말씀하십니다. 하나님 나라는 매일 이런 잔치가 벌어지는 곳입니다. 교회는 죄인 한 사람이 회개하는 이런 기쁨이 연속적으로 일어나야 합니다.

II. 등불을 켜고 집을 쓸며

한 여인이 열 드라크마가 있는데 한 드라크마를 잃으면 그 한 드라크마를 찾기 위해 등불을 켜고 집을 쓸며 부지런히 찾지 않겠느냐? 이 비유도 같은 말씀입니다. 예수님은 우리들 한 사람 한 사람을 매우 소중하게 보십니다. 우리가 비록 죄인되어 망가지고 병들었지만 우리의 가치를 하나님의 형상대로 지음 받은 무한대의 가치로 보십니다.

5만 원 권이 있다고 칩시다 그 지폐가 조금 찢어지고 더러워졌다고 해도 그 가치는 그대로 있습니다. 그 지폐를 들고 은행에 가면 새 5만 원 권으로 교환해 줍니다. 우리는 예수님께로 가서 우리의 원래 가치를 회복해야 합니다. 아멘!

자비로운 아버지의 비유 (I)

누가복음 15:11-32

오늘 본문은 그 유명한 '탕자의 비유'입니다. 한 부유한 아버지에게 두 아들이 있었습니다. 그런데 둘째 아들이 아버지가 돌아가시기도 전에 자신이 상속받을 몫을 요구했습니다. 참으로 엄청난 패륜적인 요구였지만 아버지는 그 요구를 들어주었습니다. 아들은 그 재산을 가지고 집을 떠났습니다. 그리고 먼 나라에 가서 허랑방탕하게 그 많은 재산을 다 탕진하였습니다. 그런데 마침 그 나라에 큰 흉년이 들어 그는 매우 궁핍한 처지에 놓였습니다. 일자리를 찾아서 일을 하려고 했으나 돼지를 치는 일자리 밖에는 없었습니다. 그럼에도 그는 양식을 얻지 못하고 돼지들이 먹는 쥐엄 열매로 배를 채우려고 했지만 그마저도 주는 자가 없었습니다.

I. 하나님 없는 자유를 원하는 인간

이 비유를 통해서 예수님은 인간이 얼마나 하나님을 오해하고 있는지 가르쳐 주십니다. 우리 인간은 본래 에덴동산의 소유자였습니다. 하나님 안에서 모든 것을 누리는 존재였습니다. 그런데 선악과를 범하고 하나님의 품을 떠나 자유의 세계를 향해 나아갔습니다. 그런데 그 결과로 불의, 추악, 탐욕, 악의, 시기, 살인, 분쟁, 사기, 악독, 능욕, 교만, 배악, 무정,

무자비, 패륜 이런 단어로 대표되는 인간성을 가지게 되었고 사회적으로는 경쟁, 양극화, 착취, 전쟁, 자연적으로는 흉년, 지진, 기후 온난화, 전염병 등 돌이킬 수 없는 상태에 처하게 되었습니다.

그런데 놀라운 것은 하나님께서 그 자유를 허락하셨다는 사실입니다. 그 결과가 뻔히 눈에 보이지만 하나님은 우리의 자유에 대한 요구를 수용하셨습니다. 마치 이 비유의 아버지가 둘째 아들에게 비록 패륜적인 요구이지만 유산을 상속해 준 것과 같습니다. 여기서 우리는 인간의 이 자유가 얼마나 소중한가 알 수 있습니다. 하나님은 우리를 강제하지 않습니다. 하나님은 우리를 사랑하십니다. 또 우리에게서 온전한 자유 안에서 사랑 받기를 원하십니다.

II. 생각하는 인간

우리 하나님의 이 '위험한' 사랑의 시도를 이해해야 합니다. 오해에서 세 번 더 생각하면 이해가 된다고 합니다. 하나님 아버지를 오해하지 말고 세 번 더 생각해 보면 이 아버지를 이해하게 될 것입니다(5-3=2). 둘째, 아들은 궁핍 가운데 생각했습니다. 아버지의 집이 얼마나 풍성한가 기억하고 자신의 패륜적인 죄를 인정합니다. 그리고 그 아버지의 집으로 돌아가기로 결정합니다. 이 위대한 결정이 그의 인생을 바꿉니다. 삶의 고비마다 우리는 우리의 삶의 여정을 잠시 멈추고 생각해야 합니다. 아버지의 집의 풍성과 그의 사랑과 자비를 기억해야 합니다. 그리고 그 집으로 돌아가는 결단을 해야 합니다. 아멘!

자비로운 아버지의 비유 (II)

누가복음 15:11-32

아버지 집을 기억한 아들은 자신의 죄와 허물을 인정하고 아버지의 집으로 발걸음을 옮깁니다. 그런데 아직 거리가 먼데 아버지는 자신의 잃어버린 아들이 돌아오는 것을 보고 측은히 여겨 달려가서 목을 안고 입을 맞추었습니다. 아들은, 자신은 아버지의 아들이라 일컬음을 감당하지 못하겠다고 말했으나 아버지는 그 말을 들은 척도 않고 종들에게 이르되 제일 좋은 옷을 내어다가 입히고 손에 가락지를 끼우고 발에 신을 신기라고 명했습니다. 그리고는 살진 송아지를 잡아 아들의 귀환을 마음껏 즐기자고 했습니다. 그 집에 있던 모든 사람들이 이 아버지의 기쁨에 동참해 먹고 마시며 풍악을 울리고 춤을 추며 즐거워했습니다.

I. 아버지의 큰 기쁨

> "이 내 아들은 죽었다가 다시 살아났으며 내가 잃었다가 다시 얻었노라."

아버지는 둘째 아들이 집을 떠난 이후로 한시도 편하게 살 수가 없었습니다. 늘 아들이 떠나간 그곳을 바라보며 언제나 아들이 돌아올까 기다리고 있었습니다. 그러다가 결국 그 아들이 죽었나 보다 생각했습니다. 그러나 설사 그럴지라도 아버지는 그 아들을 포기할 수 없었습니다. 그래서 그는 기다림을 포기하지 않았습니다. 이 아버지의 기다림 속에 희망이 있습니다.

패륜적인 배반도 죽음도 아버지의 사랑을 이길 수 없었습니다. 결국 이 아버지의 사랑이 아들을 살려내고 아버지의 집으로 돌아오게 하였습니다. 사랑은 죽음을 이기는 힘이 있습니다. 아버지는 그 아들의 모든 신분을 회복시켜 주었습니다. 이를 위해 아들이 한 것은 아무 것도 없습니다. 단지 아버지를 기억하고 한 발걸음을 돌린 것이 전부입니다. 이 돌아온 탕자를 위하여 아버지의 집에는 큰 기쁨의 잔치가 베풀어졌습니다.

II. 첫째 아들의 불평과 원망

그러나 한 사람은 이 아버지의 기쁨에 동참하지 않았습니다. 그는 평상시와 같이 밭에서 열심히 일을 했습니다. 성실과 근면으로 아버지를 섬겼습니다. 그런데 그는 아버지의 재산을 창기들과 함께 탕진한 동생을 영접할 수 없었습니다. 그는 아버지의 기쁨을 이해하지 못했습니다. 이 비유의 말씀을 들은 바리새인들은 예수님께서 죄인과 창기들과 함께 식사하시고 그들을 영접하시며 제자로 부르시는 것을 이해하지 못했습니다. 아버지의 마음을 이해하는 것이 믿음이요 신앙생활입니다.

L U K E

불의의 재물로 친구를 사귀라

누가복음 16:1–18

어떤 부자에게 청지기가 있었습니다. 그런데 그가 주인의 소유를 낭비한다는 말이 주인의 귀에 들렸습니다. 주인은 그를 불러 엄히 책망하고 청지기의 직무를 계속하지 못하게 될 것을 통보했습니다. 갑자기 일자리를 잃게 된 청지기는 어떻게 할까 생각하다가 기가 막힌 계획을 세우고 이를 실행에 옮겼습니다.

I. 미래를 준비하는 지혜로운 청지기

이 청지기는 속으로 생각했습니다. 이제 청지기의 직분에서 그만두면 할 일이 없어지고 자신의 영향력이 사라질 것인데 그 전에 그는 많은 친구들을 얻고자 했습니다. 그래서 주인에게 빚진 자를 일일이 불러다가 그들이 진 빚을 탕감해 주었습니다. 그리고 증서를 꾸며 합법적으로 공증하였습니다. 이 일은 주인으로서는 더 악한 일이었습니다. 그런데 주인이 의외로 이 악한 청지기를 지혜롭다고 칭찬하였습니다. 그 이유는 그는 자신이 가진 권한과 능력을 가지고 자신에게 다가올 미래를 준비했기 때문입니다. 또 한 가지 지혜로운 것은 친구를 얻은 것입니다. 그는 물질보다 사람을 얻었습니다.

우리 인생의 주인은 우리가 아닙니다. 하나님께서 각자에게 생명과 정해진 시간을 맡겨주셨습니다. 언제 우리의 생명을 거두어 가실지 우리는 모릅니다. 이 맡겨진 시간 동안에 우리는 다가올 미래에 대해 준비해야 합니다. 노아처럼 힘과 물질을 써서 방주를 준비해야 합니다. 우리의 제한된 삶 가운데 물질과 정성을 드려 친구들을 얻고 더 나아가 하나님 나라를 얻는 지혜로운 삶을 살아야 합니다.

II. 작은 것에 충성하는 청지기

그렇다고 우리는 불의한 일을 해서는 안됩니다. 이어서 예수님께서는 작은 것에 충성된 성실한 자세를 가질 것을 말씀합니다. 우리가 맡은 사명을 성실하게 감당할 때 하나님께서는 우리에게 더 큰 것, 더 참된 것으로 맡기십니다. 그러므로 우리는 하나님과 재물을 동시에 섬길 수는 없습니다. 재물은 수단입니다. 진정으로 우리가 사랑해야 할 대상은 하나님이요 말씀입니다. 그런데 바리새인들은 돈을 사랑하고 사람 중에 높임받는 것을 좋아했습니다. 그들은 아내를 버리고 이혼하는 것을 합리화했습니다. 그들은 미래를 준비하지 않는 어리석은 자들이었습니다.

이 고통받는 곳에 오지 않게 하소서

누가복음 16:19–31

한 부자가 있었습니다. 그는 자색 옷과 고운 베옷을 입고 날마다 호화롭게 즐겼습니다. 그런데 그 집 대문 앞에는 나사로라고 하는 걸인이 있었습니다. 그는 부자의 상에서 떨어지는 부스러기로 연명하고자 했습니다. 거기에다가 그는 피부에 욕창으로 헌데가 많았습니다. 심지어 개들이 그를 불쌍히 여겨 그 헌데를 핥아 주었습니다. 그런데 때가 되어 나사로도 죽고 이 부자도 죽었습니다. 죽음은 누구에게나 공평합니다. 걸인에게도 부자에게도 죽음은 반드시 때가 되면 찾아옵니다.

I. 아브라함의 품에 있는 나사로

나사로는 죽어서 천사들에게 받들려 아브라함의 품에 들어갔습니다. 이 말은 아브라함으로 대표되는 믿음의 사람들이 가는 낙원으로 갔다는 말씀입니다. 하나님은 우리의 고통을 신원하시는 분이십니다. 의인의 고난을 반드시 보상하시는 의로우신 하나님이십니다.

II. 음부에서 고통하는 부자

부자도 죽어 장사되었습니다. 그런데 이제는 완전히 신세가 역전되어 음부에서 고통하며 아브라함의 품에서 안식하는 나사로를 보고 아브라함에게 간절히 청했습니다. "아버지 아브라함이여 나를 긍휼히 여기사 나사로를 보내어 그 손가락 끝에 물을 찍어 내 혀를 서늘하게 하소서. 내가 이 불꽃 가운데서 괴로워하나이다." 그러나 아브라함은 그 요청을 거절했습니다. 너는 살았을 때에 좋은 것을 받았고 나사로는 고난을 받았으니 이제는 이렇게 되는 것이 공평하다고 하면서 더구나 낙원과 음부 사이에는 너무나 큰 구렁텅이가 있어 건너갈 수도 없다고 했습니다. 그러자 부자는 또 한 가지 부탁을 했습니다. "그러면 아버지여 구하노니 나사로를 내 형제들에게 보내어 그들로 이 고통받는 곳에 오지 않게 하소서." 그러나 이 요청도 아브라함은 거절합니다. 그 이유는 모세와 선지자들이 전한 말씀을 듣고 회개하지 않으면 심지어 죽은 자가 와서 전한다 해도 듣지 않을 것이기 때문입니다.

여기서 우리는 무엇을 배울 수 있나요? 부자는 적극적으로 악을 행하지 않았다 할지라도 적극적인 선을 행하지 않은 것이 그의 죄요 악입니다. 그리고 이 적극적인 선은 그의 생애 동안에 행해야 한다는 것입니다. 또한 우리에게는 모세와 선지자, 즉 말씀이 항상 있기 때문에 핑계할 수 없다고 하는 경고입니다. 우리는 짧은 삶 가운데 우리가 가진 것으로 적극적으로 선을 행해야 합니다. 나눔과 배려의 삶을 살아야 합니다. 이러한 삶은 우리의 현재의 생이 무한하지 않다는 진리와 내가 가진 많은 것이 위로부터 왔다는 사실을 인식할 때 가능해집니다.

L U

K E

너희는 스스로 조심하라

누가복음 17:1-4

오늘 본문은 제자 공동체에게 주시는 말씀입니다. 예수님의 제자들은 공동체, 즉 교회를 이루어 모이게 됩니다. 사람이 모이는 이 교회에 문제가 없을 수 없습니다. 이 공동체가 건강하기 위해서는 발생한 갈등과 문제들을 어떻게 해결하는가가 매우 중요합니다.

I. 작은 자 중의 하나를 소중하게 여기라

예수님은 말씀하십니다.

> "실족하게 하는 것이 없을 수는 없으나 그렇게 하게 하는 자에게는 화로다 그가 이 작은 자 중의 하나를 실족하게 할진대 차라리 연자맷돌이 그 목에 매여 바다에 던지우는 것이 나으리라."

특히 공동체의 지도자들은 예수님의 경고의 말씀을 삼가해서 들어야 합니다. 지도자의 사소한 실수나 무관심으로 인해 그럴 수도 있습니다. 아니면 큰 모임을 이끌다 보면 아주 작은 자 한 사람의 목소리를 듣지 않고 무시할 수도 있습니다. 또 지도자의 숨은 죄나 욕심으로 공동체의 구성원들이 실망하고 실족할 수 있습니다. 세상의 공동체는 다수의 의견이나 지도자의 카리스마적인 지도력으로 이끌어집니다. 그러나 예수님의 공동체는 한 사람 한 사람이 그리스도의 피로 사신 바 된 VVIP입니다. 어느 누구도 잃어버릴 수 없는 존귀한 존재들입니다. 따라서 교회의 지도자가 된 종들은 최선을 다해 공동체를 섬겨야 합니다. 섬세한 배려와 사랑으로 어느 누구도 소외되지 않도록 살펴야 합니다. 그렇게 하지 못할 거라면 지도자가 되지 않는 것이 훨씬 좋습니다. 야고보서 3장 1절은 말씀합니다.

> "내 형제들아 너희는 선생된 우리가 더 큰 심판을 받을 줄 알고 선생이 많이 되지 말라."

II. 경고하고 회개하거든 용서하라

예수님의 제자 공동체는 진실되고 순수해야 합니다. 그러나 인간이 모인 곳이기 때문에 죄와 욕심이 공동체를 위협합니다. 공동체의 지도자들은 진리의 말씀으로 공동체의 순수성을 지켜야 합니다. 만약 한 형제가 죄를 범하면 경고하고 회개하도록 도와야 합니다. 사랑과 진리로 그 형제가 주께 돌아올 수 있도록 해야 합니다. 주님의 교회는 죄와 타협할 수 없습니다. 그러나 그 형제가 회개한다면 무한한 용서의 원칙이 적용되어야 합니다. 심지어 하루에 일곱 번씩 반복적으로 그렇게 할지라도 용서해야 합니다. 우리는 실제로 교회 공동체에서 이 원칙대로 적용할 수 있을지는 잘 모릅니다. 그러나 할 수 있는 한 이 은혜와 진리의 대원칙이 공동체에 뿌리 내릴 수 있도록 진실된 마음으로 기도해야 합니다.

우리는 무익한 종이라

누가복음 17:5-10

예수님의 주옥 같은 말씀을 들은 사도들은 자신들의 부족함을 절실하게 깨달았습니다. 자신들에게 믿음의 능력이 필요함을 인식하고 예수님께 나아와 청했습니다.

I. 우리에게 믿음을 더하소서

이러한 사도들의 요청에 대해 예수님께서 대답하셨습니다.

> "너희에게 겨자씨 한 알 만한 믿음이 있었더라면 이 뽕나무더러 뿌리가 뽑혀 바다에 심기어라 하였을 것이요 그것이 너희에게 순종하였으리라."

무슨 말씀인가요? 믿음은 우리에게 달려 있는 것이 아니라, 크신 하나님을 믿는 믿음 그 자체에 능력이 있다는 말씀입니다. 우리의 믿음이 크고 작은 것이 문제가 아니라 우리가 믿는 하나님이 어떤 분이신가를 아는 것이 중요합니다. 믿음은 순종의 문제입니다. 하나님의 말씀을 한마디라도 순종하고자 할 때 우리는 그 말씀의 능력을 체험하게 됩니다. 나의 큰 믿음이 역사하는 것이 아닙니다. 크신 하나님을 믿는 신뢰와 순종이 불가능을 가능하게 만듭니다.

II. 우리가 하여야 할 일을 한 것뿐이라

같은 맥락에서 예수님은 '무익한 종'의 비유를 말씀하십니다. 우리는 주님의 일을 해놓고 그 댓가를 바라거나 최소한 칭찬이라도 받기를 바랍니다. 그래서 그런 '합당한' 댓가가 주어지지 않을 때 실망하거나 불평, 원망을 하게 됩니다. 그러나 우리 주님 예수님께서는 이 비유를 통해 우리가 마땅히 해야 할 일을 한 것뿐이라고 말해야 한다고 말씀하십니다. 본래 우리는 무익한 종이기 때문입니다. 우리가 주님의 종으로 쓰임받는 것 자체가 은혜요 자비입니다.

우리가 무슨 자격이 있거나 능력이 있어서 주님의 종이 된 것이 아닙니다. 우리는 오직 그의 일방적인 택하심의 은혜로 부르심을 받았습니다. 만약 우리가 주님의 종이 되지 않았더라면 죄와 사탄의 종이 되어 이 세상을 악하고 끔찍하게 만드는 일에 쓰임받았을 것입니다. 사도 바울은 자신이 복음을 전하지 않는다면 자신에게 화가 있을 것이라고 말씀합니다. 우리에게 매순간 찾아오는 자랑과 보상심리를 구속과 부르심의 은혜를 기억하며 극복해야 합니다. 우리가 주님께 드릴 것은 감사와 충성뿐입니다. 이렇게 우리가 사람의 보상과 영광을 구하지 않고 무익한 종으로서의 직무를 다할 때 주님께서 생명의 면류관으로 우리에게 보상하실 것입니다. 아멘!

감사하는 믿음

누가복음 17:11-19

예수님께서 예루살렘으로 가실 때에 사마리아와 갈릴리 사이로 지나가셨습니다. 그 당시 유대인들은 사마리아 지방을 잘 다니지 않았습니다만 예수님은 그렇게 하지 않으셨습니다. 어떠한 편견도 없이 사마리아 주민들을 사랑하셨습니다. 한 마을에 들어가셔서 유숙하려 했습니다. 그 마을에 있던 나병환자 열 명이 멀리 서서 소리 높여 간청했습니다.

"예수 선생님이여 우리를 불쌍히 여기소서."

I. 가서 제사장들에게 너희 몸을 보이라

예수님은 자신들의 병 때문에 가까이 오지도 못하는 이들을 불쌍히 여기셨습니다. 그래서 그들을 이해하시고 그들에게 도전하셨습니다.

"가서 제사장들에게 너희 몸을 보이라."

이 말씀으로 그들의 믿음에 도전하셨습니다. 그들은 말씀에 순종하여 제사장에게 가는 도중에 깨끗함을 받게 되었습니다. 말씀에 순종할 때 우리는 믿음의 역사를 체험하게 됩니다.

II. 일어나 가라 네 믿음이 너를 구원하였느니라

열 명의 나병환자들은 다 나음을 받았습니다. 그런데 그중에 한 사람이 자기가 나은 것을 보고 큰 소리로 하나님께 영광을 돌리며 돌아와 예수님의 발 아래 엎드려 감사했는데 그는 사마리아 사람이었습니다. 예수님께서 이 사마리아 사람에게 말씀하십니다.

> "열 사람이 다 깨끗함을 받지 아니하였느냐? 그 아홉은 어디 있느냐? 이 이방인 외에는 하나님께 영광을 돌리려 돌아온 자가 없느냐 일어나 가라 네 믿음이 너를 구원하였느니라."

여기서 우리는 우리의 믿음이 감사로 온전하게 됨을 알 수 있습니다. 나에게 주어진 치유의 역사가 나의 공로나 '좋은' 믿음 때문에 일어난 것이 아니고 순전히 하나님의 크고 일방적인 은혜로 말미암아 베풀어진 구원의 역사임을 알고 하나님께 영광을 돌리는 것이 온전한 믿음입니다. 이러한 믿음이 우리를 구원합니다. 감사와 찬양을 통해 모든 것이 하나님께로부터 왔다는 것을 확인하고 전하는 것이 우리 인간들이 할 수 있는 유일한 일입니다. 사마리아에서 온 이 나음 받은 이방인 병자를 통해 본래 우리에게 이런 은혜를 받을 만한 아무런 자격이 없다는 것을 아는 것이 중요하다는 것을 알 수 있습니다. 우리도 이방인이요 죄를 죄라고 알지 못하던 나병환자였습니다. 이런 우리를 그의 소유된 백성으로 왕같은 제사장으로 삼으신 주님을 찬송합니다. 아멘!

하나님 나라가 어느 때에 임하나이까?

누가복음 17:20-37

바리새인들이 예수님께 질문했습니다.

> "하나님 나라가 어느 때에 임하나이까?"

예수님께서는 두 가지 답변을 주십니다. 예수님의 답변을 통해 하나님 나라의 성격을 알 수 있습니다.

I. 하나님 나라는 너희 안에 있느니라

하나님 나라는 볼 수 있게 임하는 것이 아닙니다. 따라서 여기 있다, 저기 있다고도 할 수 없습니다. 하나님 나라는 공간적인 것이 아니고 내적이고 영적인 것입니다. 하나님 나라는 하나님의 왕권을 인정하고 그의 통치를 받아들이는 사람들의 내면에 이루어지는 영적인 것입니다. 또 그런 사람들이 모인 모임 가운데 임하는 진리와 은혜의 풍성함입니다.

> "하나님 나라는 먹는 것과 마시는 것이 아니요 오직 성령 안에 있는 의와 평강과 희락이라"(로마서 14:17).

II. 인자가 나타나는 날에도 이러하리라

믿는 자들의 내면과 모임 가운데 이루어진 하나님 나라는 점점 자라 결국 종말의 때에 예수 그리스도의 재림으로 완성됩니다. 그러나 그 전에 먼저 그리스도께서 많은 고난을 받고 이 세대로부터 버림을 받아야 합니다. 이 십자가의 고난을 통해 우리의 구속을 완성하시고 사탄의 머리를 깨뜨리셨습니다. 예수님은 다시 오시겠다고 약속하시고 승천하셨습니다. 다시 오시는 그날 하나님 나라는 완성되고 우리의 눈에도 볼 수 있게 됩니다.

그러나 우리는 그날을 알지 못합니다. 노아의 때와 같이 소돔의 멸망의 때와 같이 갑자기 찾아옵니다. 그래서 우리는 항상 준비하고 있어야 합니다. 예수님께서는 우리가 어떤 자세로 그날을 준비해야 하는지 말씀해 주십니다.

첫째, 미혹하는 영들에게 속지 말아야 합니다(23절).

둘째, 노아와 같이 방주를 준비해야 합니다. 구원의 방주 되신 그리스도의 교회를 온 세상에 세우고 그 교회로 사람들을 초청하는 일을 멈추지 말아야 합니다(26-27절).

셋째, 이 세상에 미련을 두지 말아야 합니다. 롯의 처가 그렇게 하다가 소금기둥이 되었기 때문입니다. 이 세상에서 묵묵히 성실하게 살지만 그러나 이 세상에 매이지 않는 삶의 가치관을 가지고 살아야 합니다(28-35절).

넷째, 종말의 징조를 섬세하게 보고 깨어있는 삶을 살아야 합니다(37절).

LU
KE
18
장

항상 기도하고 낙심하지 말라

누가복음 18:1-14

우리 그리스도인들에게 기도는 너무나 중요한 은혜의 방편입니다. 사실 하나님은 우리가 기도하기도 전에 우리에게 필요한 것이 무엇인지 잘 알고 계십니다. 그럼에도 불구하고 우리에게 기도하라고 하십니다. 그 이유는 기도를 통해 하나님과 교제하고 하나님께 의존적인 삶을 살 수 있기 때문입니다.

I. 하물며

예수님께서 오늘 본문에 나오는 불의한 재판장과 강청하는 과부의 비유를 통해 말씀하고자 하시는 것은 과부와 같이 강청하라는 뜻보다는 하나님을 믿고 낙심하지 말라는 뜻으로 보입니다. 우리는 마치 하나님이 불의한 재판장과 같이 우리의 기도를 무시하는 것으로 생각할 수도 있습니다. 그렇지 않습니다. 우리 하나님은 결코 그런 분이 아니십니다. 우리 하나님은 우리를 신원하시는 분이십니다. 우리의 머리털 하나까지도 다 세시며 우리의 신음 소리에도 응답하시는 아버지이십니다. 오늘 본문에서의 키워드는 '하물며'입니다. 심지어 불의한 재판장이 귀찮게 하는 과부의 소원을 들어주기도 하는데 하물며 우리 하나님께서는 얼마나 자신의 자녀들의 기도를 들으시겠는가 생각해 보라는 것입니다. 따라서 문제는 하나님에 대한 우리의 오해입니다. 하나님은 우리에게 믿음을 바라십니다. 그러므로 우리가 하나님의 뜻대로 기도한 것은 받은 줄로 믿고 기다려야 합니다. 혹 우리의 기대와는 다르게 더디게 응답이 올지라도 그때가 가장 좋은 때인 줄 알고 감사해야 합니다 낙망하지 말아야 합니다.

> "우리가 선을 행하되 낙심하지 말지니 포기하지 아니하면 때가 이르매 거두리라"(갈라디아서 6:9).

II. 나는 죄인이로소이다

예수님은 기도의 자세에 대해 또 한 가지 비유를 말씀하십니다. 바리새인은 서서 기도하면서 자신이 하나님 앞에서 얼마나 선한 사람인지 드러내놓고 말합니다. 일주일에 두 번 금식하고 소득의 십일조를 드리며 옆에 있는 세리와도 같지 않음을 감사합니다. 반면에 세리는 성전에 멀리 서서 감히 눈을 들어 하늘을 보지도 못하고 가슴을 치며 하나님이여 불쌍히 여기소서 나는 죄인이로소이다 하며 죄인의 심정으로 기도합니다. 우리의 기도는 당연히 이 세리의 기도와 같이 겸손한 자세로, 사람 앞에가 아니라 하나님 앞에 드리는 기도여야 합니다.

한 가지 부족한 것이 있으니

누가복음 18:15-34

사람들이 예수님께서 만져 주심을 바라고 어린 아기를 데리고 왔습니다. 그런데 제자들은 예수님의 사역에 도움이 되지 않는다고 생각하고 그 사람들을 꾸짖었습니다. 이들은 실용적으로 생각했던 것 같습니다. 그런데 예수님은 "어린아이들이 내게 오는 것을 용납하고 금하지 말라 하나님 나라가 이런 자들의 것이니라 누구든지 하나님 나라를 어린아이와 같이 받아들이지 않는 자는 결단코 거기 들어가지 못하리라." 말씀하십니다. 어른들은 이것이 나에게 유익한지 도움이 되는지 계산을 하고 그 유불리에 따라 무엇을 받아들이기도 하고 그렇지 않기도 합니다. 그러나 어린아이들은 즉각적으로 수용하는 자세가 있습니다.

한 관리가 예수님께 와서 어떻게 영생을 얻을 수 있는지 물었습니다. 이에 예수님은 율법을 지키면 영생을 얻을 수 있다고 말씀하셨습니다. 그 관리는 자신은 어릴 때부터 율법을 잘 지켰다고 대답했습니다. 이때 예수님은 그에게 한 가지 부족한 것이 있는데 소유를 다 팔아 가난한 자에게 주어 하늘에 보화를 쌓아놓고 예수를 따라 제자의 삶을 살도록 요청하셨습니다. 그런데 이 관리는 큰 부자여서 심히 근심하다가 결국 예수님의 초청을 따르지 못했습니다. 그도 어린아이와 같이 하나님 나라를 수용하지 못하고 계산하고 고민하다가 가장 중요한 가치를 놓치고 말았습니다.

이를 통해 예수님은 재물이 있는 자는 하나님 나라에 들어가기가 어렵다고 말씀하셨습니다.

> "낙타가 바늘 귀로 들어가는 것이 부자가 하나님 나라에 들어가는 것보다 쉬우니라."

너무나 충격적인 말씀입니다. 하나님 나라의 가치는 이 세상의 부와 명예와 비교할 수 없습니다. 그런데 우리는 가진 것이 너무 '많아서' 그것을 쉽게 놓지 못합니다. 어린아이와 같이 단순하고 즉각적으로 하나님 나라를 수용할 때 우리는 하나님 나라에 들어갈 수 있습니다. 그런데 누가 그렇게 할 수 있겠습니까?

하나님을 아는 자, 영생의 가치를 아는 자만이 그렇게 할 수 있습니다. 사람은 할 수 없지만 하나님의 용서의 사랑을 맛본 자, 십자가를 이해하는 자는 그렇게 할 수 있습니다. 예수 그리스도를 아는 지식이 가장 고상한 것을 아는 자는 모든 것을 배설물로 버릴 수 있습니다(빌립보서 3:8). 그들은 하나님 나라를 위하여 집이나 아내나 형제나 부모나 자녀를 버릴 수 있습니다. 그렇게 버릴 때 부활의 기쁨을 누리고 그 모든 것을 현세에 여러 배로 돌려받고 내세에 영생을 선물로 받게 됩니다.

이것이 십자가와 부활의 비밀입니다.

네게 무엇을 하여 주기를 원하느냐?

누가복음 18:35-43

예수님께서 여리고에 가까이 가셨을 때에 한 맹인이 길 가에 앉아 구걸하다가 비교적 큰 무리가 지나감을 듣고 이 무슨 일인가 물었습니다. 사람들이 나사렛 예수님께서 지나가신다 대답해 주었습니다.

I. 강청

맹인이 외쳐 간구했습니다.

"다윗의 자손 예수여 나를 불쌍히 여기소서."

여기서 우리는 기도의 바른 모습을 볼 수 있습니다. 맹인은 예수가 누구신지 정확히 알았습니다. 다윗의 자손이란 약속된 메시아라는 뜻입니다. 그는 예수님께서 건지시는 구원자요 모든 만물과 자연 세계를 다스리는 왕이심을 알았습니다. 그리고 그 크신 주님 앞에 무릎을 꿇고 긍휼을 베풀어 주시기를 간구했습니다. "나를 불쌍히 여기소서." 이보다 더 간절하고 절실한 기도는 없습니다. 하나님은 이러한 기도를 결코 무시하지 않으십니다.

II. 저항

그런데 이 기도는 강한 저항에 부딪힙니다. 앞서 가는 사람들이 그를 꾸짖어 잠잠하라고 했습니다. 이 맹인은 자신의 기도제목을 예수님께 가지고 가지도 못하게 방해를 받았습니다. 기도에는 반드시 저항이 있습니다. 기도를 하지 못하게 자의식이나 불신앙으로 기도해도 아무 소용없을 것이라고 사탄은 우리 귀에 속삭입니다. 또 여러 분주함으로 기도의 시간을 가지지 못하게 합니다. 그런데 이 맹인은 사람들과 다투지 않고 오직 주님께 더 큰 소리로 나아갑니다. "다윗의 자손 예수여 나를 불쌍히 여기소서." 예수님의 사랑과 은혜에 기초하여 포기하거나 낙망하지 않고 기도합니다. 18장에 나오는 억울한 과부와 같이 강청하는 기도를 드립니다.

III. 응답

드디어 예수님께서 그를 주목하시고 "네게 무엇을 하여 주기를 원하느냐?"고 묻습니다. "주여 보기를 원합니다." 그는 예수님께서 자기의 눈을 뜨게 하실 수 있는 것을 믿었습니다. 그 믿음대로 그는 보게 되었고 하나님께 영광을 돌렸습니다. 믿음의 기도, 오직 은혜를 의지하는 겸손의 기도는 역사하는 힘이 큽니다. 예수님은 소경에게 빛을 주시는 빛 되신 구원자 하나님이십니다.

L U

K E

잃어버린 자를 찾아 구원하시는 예수님

누가복음 19:1-10

예수님께서 여리고로 들어가 지나가셨습니다. 여리고는 예루살렘으로 들어가는 관문 도시였습니다. 상인들이 많이 지나다니는 교통의 요지였습니다. 그래서 그곳에는 큰 세관이 있었습니다.

I. 삭개오

그 세관에 세리장으로 삭개오라는 사람이 있었는데 그는 큰 부자였습니다. 그가 어떻게 부자가 되었는지는 쉽게 추측 가능합니다. 그는 키가 작은 사람이었으나 야심이 많고 능력이 많은 사람이었습니다. 로마의 권력에 의탁하여 세리장이 되어 지나가는 상인들에게 많은 뇌물을 받았을 것이라고 추정됩니다. 이렇게 원하는 부를 얻었으나 그의 내면은 무언가가 허전했습니다. 그의 이름 '삭개오'는 '순결함'이란 뜻입니다. 그는 순결을 원했으나 그의 삶은 살아가는 동안 온갖 세상의 더러움으로 오염되어 있었습니다. 그러나 그는 예수님께서 여리고로 지나가신다는 말을 듣고 예수님을 한 번이라도 보고 싶었습니다. 그래서 그는 그의 사회적인 신분이나 체면을 고려하지 않고 돌무화과 나무 위에 올라가 예수님께서 지나가는 광경을 보고 있었습니다. 그는 부가 있었지만 관계가 없었습니다.

II. 내가 오늘 네 집에 유하여야 하겠다

예수님께서는 삭개오의 간절한 영적인 소원을 아셨습니다. 아무도 그를 주목하지 않았지만 예수님께서는 그를 발견하시고 "삭개오야 속히 내려오라 내가 오늘 네 집에 유하여야 하겠다."라고 말씀하셨습니다.

예수님은 진리를 찾는 자를 아시고 발견하십니다. 삭개오를 친구로 사귀고 그와 인격적인 관계를 맺고자 하십니다. 물질과 세상의 유혹으로 잃어버린 한 영혼을 하나님의 자녀로 다시 찾고자 하십니다. 많은 사람들이 수군거리며 이러한 예수님을 이해하지 못했지만 예수님은 사람들의 의견에 개의치 않았습니다. 오늘 나의 인생에 들어오고자 하시는 주님을 찬송합니다. 아멘!

III. 오늘 구원이 이 집에 이르렀으니

예수님을 만난 삭개오는 즉각 그의 인생의 방향을 전환합니다. 지금까지는 부를 축척하는 삶을 살았지만 이제부터는 나누고 회개하는 삶을 살겠다고 합니다. 이런 삭개오에게 예수님은 구원을 선포하십니다.

"이 사람도 아브라함의 자손임이로다."

우리는 하나님께로의 회개와 예수 그리스도를 믿음으로 아브라함의 자손이 될 수 있습니다. 예수님은 부와 명예와 사치와 권력으로 혼탁해지고 더렵혀진 영혼을 진리와 사랑과 자비로 순결하게 하고 사탄에게 빼앗겼던 하나님의 자녀들을 다시 찾아 구원하시기 위해 오늘 우리 인생의 집에 찾아오십니다. 이 예수님의 방문을 받으시겠습니까?

은 열 므나의 비유

누가복음 19:11-27

그 당시 제자들과 유대인들은 하나님 나라가 당장에 나타날 줄로 생각했습니다. 특히 예수님께서 예루살렘으로 가까이 가셨기 때문에 이러한 기대는 더 커졌습니다. 그런데 예수님께서는 예수님께서 이 땅에 오심으로 이미 하나님 나라가 왔지만 그러나 이 평화와 의의 나라가 완전하게 임하기까지는 시간이 필요함을 비유로 말씀해 주셨습니다. 이 '이미와 아직' 사이에 남은 과업이 있는 것을 말씀해 주십니다.

I. 내가 돌아올 때까지 장사하라

한 귀인이 왕위를 받아가지고 오려고 먼 길을 떠나면서 그 종들을 불러 은화 열 므나를 주며 그것을 가지고 장사하라고 부탁했습니다. 열 므나는 한 노동자의 1,000일 정도의 품삯이었습니다 매우 큰 자본임을 알 수 있습니다. 그런데 백성들은 이 귀인을 미워하여 그가 자기들의 왕이 되는 것을 원하지 않았습니다. 그럼에도 불구하고 이 귀인은 마침내 왕이 되어 돌아옵니다. 그 후에 왕은 자기의 종들이 어떻게 맡은 바 책무를 했는지 정산하고자 합니다. 이 비유를 통해 우리가 사는 이 세상은 예수님께서 왕이 되심을 기뻐하지 않는다는 것을 알 수 있습니다. 그러나 결국은 예수님께서 온 세상의 왕이요 심판주로 오셔서 모든 사람들은 그의 보좌 앞에서 자신의 삶에 대해 정산해야 합니다. 누구도 이 심판을 피할 수 없습니다(고린도후서 5:10). 여기서 우리 인생의 주인은 우리 스스로가 아님을 배웁니다. 우리가 가진 시간, 재능, 환경 이 모든 것은 주인 되신 예수님께서 우리에게 주신 므나입니다. 이 므나로 우리는 장사하여 이윤을 남겨야 합니다. 청지기로서 주인이 원하시는 사랑의 열매를 남겨 드려야 합니다.

II. 작은 것에 충성한 종들

주인 앞에 나온 첫 번째, 두 번째 종들은 받은 바 므나로 열 배, 다섯 배의 이윤을 남겨서 가지고 왔습니다. 주인은 그들의 충성을 칭찬했습니다.

> "네가 지극히 작은 것에 충성하였으니 열 고을 권세를 차지하라."

맡은 자들에게 구할 것은 충성입니다(고린도전서 4:2). 주인에 대한 사랑과 작은 것을 귀하게 여기는 신실함과 책임감입니다. 그러나 세 번째 종은 주인을 사랑하지도 않고 자신의 사명을 성실하게 수행하지 않고 시간과 삶을 낭비했습니다. 결국 그는 주인의 왕권을 인정하지 않아 모든 것을 잃어버리고 죽임을 당했습니다.

평화의 왕, 예수님

누가복음 19:28-44

자신의 왕권을 비유로 말씀하신 후에 예루살렘을 향하여 앞서서 가셨습니다. 예수님은 예루살렘에서 당하실 고난과 죽음에 대해서 분명히 아시지만 그 길을 회피하지 않으시고 앞서서 가십니다. 우리 신자들이 당하는 고난에 앞서가시는 주님으로 인하여 위로를 받습니다.

I. 주가 쓰시겠다 하라

감람원이라 하는 산쪽에 있는 벳바게와 베다니에 가까이 이르렀을 때에 제자 중 둘을 보내어 맞은편 마을에서 아무도 타 보지 않은 나귀 새끼를 "주가 쓰시겠다."고 한 말씀으로 빌려오라고 명하셨습니다. 실제로 그들은 이 말씀대로 나귀 새끼를 끌고 올 수 있었습니다. 예수님은 모든 만물의 주인이십니다. 그가 쓰시겠다 하면 언제든지 무엇이든지 그는 쓰실 수 있는 권리가 있습니다. 이 나귀 새끼는 평화의 왕으로 입성하시는 왕을 모시는 특권과 영광을 누릴 수 있었습니다. 이와 같이 우리도 언제나 무엇이든지 그가 쓰시고자 할 때 내어드릴 수 있는 준비된 자세를 가질 때 주의 영광의 역사에 쓰임 받을 수 있습니다.

II. 찬송하리로다 주의 이름으로 오시는 왕이여

제자들이 순종으로 끌고 온 나귀 새끼를 타고 예수님은 평화의 성, '예루살렘'으로 입성하십니다. 제자들은 자기들의 겉옷으로 나귀 위에 안장을 삼고 길에 양탄자를 대신했습니다. 이 겸손하고 소박한 왕의 행렬을 제자들의 온 무리가 자기들이 본 바 모든 능한 일로 인하여 기뻐하며 큰 소리로 하나님을 찬양했습니다.

> "찬송하리로다 주의 이름으로 오시는 왕이여 하늘에는 평화요 가장 높은 곳에는 영광이로다."

그들은 예수님이 약속된 메시아, 다윗의 자손 평강의 왕이심을 믿고 찬송했습니다. 이 예수님을 왕으로 영접하는 자의 마음에는 하늘의 평화가 임합니다. 찬송과 기쁨이 임합니다. 그러나 이 예수님을 찬양하지 않는 자들은 돌들보다 못한 자가 됩니다(40절). 이 예수님을 배척하는 자들은 버림 받고 하나님의 진노 아래 보살핌을 알지 못하게 됩니다(42-44절). 예수님은 이들을 위해 우십니다.

예수님의 권위

누가복음 19:45-20:8

평화의 왕으로 예루살렘으로 입성하신 예수님은 가장 먼저 성전에 가셨습니다. 그 당시 유대 사회는 성전으로 대표되는 권위로 다스려지는 사회였습니다. 성전은 백성들의 구심점이고 권력과 권위의 핵심이었습니다. 예수님은 이 권위에 도전하십니다.

I. 내 집은 기도하는 집이 되리라

성전에 들어가신 예수님은 장사하는 자들을 다 내어 쫓으셨습니다. 우리가 잘 아는 대로 유대 사회의 모든 남자들은 적어도 일 년에 3번(유월절, 맥추절, 초막절)은 성전으로 올라와서 흠 없는 예물로 제사를 드려야 했습니다. 그런데 제사장들은 장사꾼들과 계약을 맺고 성전 안에서 파는 예물만 흠 없는 예물로 통과시켜 주었습니다. 또 로마의 화폐가 사용되지 못하도록 하여 환전하는 사람들도 있었습니다. 하나님을 예배하고 만나야 하는 성전이 장터가 되었습니다. 예수님은 이러한 성전을 강도의 소굴이라고 강하게 책망하셨습니다. 뇌물과 사기와 협잡이 난무하는 시장이 되어버린 하나님의 집을 청소하셨습니다. 예수님은 성전을 내 집이라 칭하셨습니다. 자신이 이 성전의 주인이라고 선포하신 것입니다. 이사야 말씀대로 성전은 만민의 기도하는 집이 되어야 합니다(이사야 56:7). 열방이 하나님께로 돌아와 율법을 배우고 하나님을 찬양하고 기도하는 집이 되어야 하는데 돈이 하나님이 되고 타락한 제사장들과 장사꾼들이 그 집의 주인이 되어 버렸습니다. 예수님은 이런 금력과 권력으로 더러워진 안타까운 성전의 현실 앞에 굴복하지 않으시고 정면으로 그 모든 잘못된 권위에 도전하십니다. 예수님의 이 도전을 통해 오늘 우리 교회들의 주인이 누구인지 돌아보아야 합니다. 돈이나 목사들이나 장로들이 교회의 주인이 되어있는 것은 아닌지 살펴보고 주님되신 예수님께 교회를 돌려드려야 할 것입니다.

II. 하늘로부터 온 권위

부패한 종교 권위는 언제나 참된 진리의 종들을 배척하고 죽이고자 합니다. 대제사장들과 서기관들과 백성의 지도자들이 예수를 죽이려고 꾀하였습니다. 그들은 예수가 무슨 권위로 이런 일을 하는지 말하라고 다그쳤습니다. 그러나 예수님은 그들에게 대답하지 않으시고 대신 요한의 세례가 하늘로부터 왔는지 사람으로부터 왔는지 물으심으로 자신의 권위가 하늘로부터 온 것을 증거하셨습니다.

L U

K E

건축자들의 버린 돌 - 모퉁이의 머릿돌

누가복음 20:9-18

이렇게 평강의 왕이요, 성전의 주님으로 오신 예수님의 권위를 받아들이지 않는 사람들을 향해서 또 하나의 비유로 그들의 마음 문을 두드리십니다.

I. 포도원과 농부의 비유

한 사람이 포도원을 만들어 농부들에게 세로 주고 타국에 가서 오래 있다가 때가 이르매 포도원 소출 얼마를 바치게 하려고 한 종을 보내었습니다. 그런데 그 농부들은 주인의 종을 몹시 때리고 아무 것도 주지 않고 거저 보내었습니다. 주인은 다시 다른 종을 보내었는데 농부들은 그 종마저도 능욕하고 거저 보내었습니다. 이렇게 세 번이나 주인을 무시하는 농부들을 포기하지 않고 마침내 자신의 아들을 보내며 그 아들만큼은 존대하기를 기대했으나 그 농부들은 아예 아들을 죽이고 포도원을 자신들의 소유로 하였습니다. 그러나 그들은 결국 주인에 의해 진멸되고 포도원마저 다른 사람들에게 빼앗기고 말았습니다. 이 비유의 말씀을 통해 우리는 '삶'이라고 하는 포도원을 맡아 주인께 아름다운 열매를 드려야 하는 청지기임을 알 수 있습니다. 그런데 우리는 악하고 게을러 주인의 권리를 인정하지 않고 넘지 말아야 하는 선을 넘어 스스로 하나님이 되고자 합니다. 하나님께서 우리에게 주신 무한한 창조의 세계와 영광스러운 생명을 가꾸고 발전시켜 풍성하고 아름다운 하나님 나라를 만들고 하나님께 감사와 찬양과 사랑을 드리는 것이 농부된 우리의 할 일입니다.

II. 주께서 이루시는 새로운 포도원

예수님은 자신이 건축자들이 버린 돌처럼 배척과 배반과 능욕을 당하고 죽게 되지만 마침내 새로운 집의 모퉁이의 머릿돌이 될 것임을 말씀하십니다. 이 돌은 구원의 돌이며 심판의 돌이 됩니다. 이 돌 위에 떨어지면 깨어지고 이 돌이 사람 위에 떨어지면 그는 가루가 되어 흩어지게 됩니다.

예수님이 머릿돌이 되어 새롭게 세우시는 집은 교회를 말합니다. 이 교회 안에서 우리는 아름다운 사랑의 열매를 맺어 우리의 주인이신 하나님께 드릴 수 있습니다. 십자가의 도는 멸망하는 자들에게는 미련한 것이요 구원받는 우리에게는 하나님의 능력입니다(고린도전서 1:18). 십자가와 부활의 주님을 찬송합니다.

가이사의 것은 가이사에게

누가복음 20: 19-26

포도원과 악한 농부의 비유를 들은 서기관들과 대제사장들은 예수님께서 이 비유를 자기들을 가리켜 말씀하신 줄 알았습니다. 그래서 예수를 잡아 처형하려고 했습니다. 그러나 백성들을 두려워하여 기회를 엿보다가 예수를 정치범으로 모함할 꾀를 내고 정탐을 보내어 의도적인 질문을 하게 하였습니다.

I. 가이사에게 세를 바치는 것이 옳으니이까?

> "선생님이여 우리가 아노니 당신은 바로 말씀하시고 가르치시며 사람을 외모로 취하지 아니하시고 오직 진리로써 하나님의 도를 가르치시나이다 우리가 가이사에게 세를 바치는 것이 옳으니이까 옳지 않으니이까?"

그들은 의인인 척하면서 예수님께 접근해서 절묘한 질문을 던졌습니다. 만약 예수님께서 황제에게 세금을 바치라고 대답하면 민족 반역자로 군중이 예수로부터 등을 돌리거나 돌로 칠 것이요, 바치지 말라고 하면 황제에게 반역한 죄로 총독에게 잡아 넘길 수 있기 때문입니다. 우리도 얼마나 자주 나의 생각과 행동을 합리화하기 위해 의도적인 악한 질문을 하나님께 드리고 있는지 살펴보아야 합니다.

II. 하나님의 것은 하나님께

예수님께서는 그들의 간악한 계략을 아시고 대답하셨습니다.

> "데나리온 하나를 내게 보이라 누구의 형상과 글이 여기 있느냐, 그런즉 가이사의 것은 가이사에게 하나님의 것은 하나님께 바치라."

이 말씀의 뜻이 무엇일까요? 단순하게 생각하면 우리 신자들이 이 세상에서 이중 시민권을 가지고 국가에 대한 의무를 다하고 또 하나님 나라의 백성으로서 교회와 하나님께 대한 의무를 다해야 한다고 받아들일 수 있습니다. 그러나 조금 더 깊게 생각해 보면 하나님의 형상대로 지음 받은 우리 자신을 하나님께서 받으실 삶의 온전한 예배를 드리라고 도전하시는 말씀으로도 받을 수 있습니다(로마서 12:1). 단순히 세금과 헌금의 문제가 아니라 우리 신자들의 정체성에 대해 생각해 보게 하는 말씀입니다. 하나님의 형상대로 지음 받은 우리가 하나님의 영광을 우리의 삶으로 드러내는 삶을 살아야 하지 않을까요?

모두들 예수님의 지혜로운 말씀 앞에 침묵할 수밖에 없었습니다.

살아 있는 자의 하나님

누가복음 20: 27-40

부활이 없다고 주장하는 사두개인 중 어떤 이들이 예수님께 와서 매우 엉뚱한 질문을 했습니다. 이 질문 역시 예수님을 함정에 빠뜨리려는 악한 의도의 교활한 질문이었습니다.

I. 죽음이 지배하는 운명의 세계

사두개인들은 한 꾸며진 이야기를 가지고 와서 예수님께 질문했습니다. "선생님이여 모세가 우리에게 써 주기를 만일 어떤 사람의 형이 아내를 두고 자식이 없이 죽으면 그 동생이 그 아내를 취하여 형을 위하여 상속자를 세울지니라 하였나이다. 그런데 칠 형제가 있었는데 맏이가 아내를 취하였다가 자식이 없이 죽고 그 둘째와 셋째가 그를 취하고 일곱이 다 그와 같이 자식이 없어 죽고 그 후에 여자도 죽었나이다. 일곱이 다 그를 아내로 취하였으니 부활 때에 그중에 누구의 아내가 되리이까?" 이 질문에 나타난 세상은 온통 죽음과 율법의 운명이 지배하는 어두운 세상입니다. 이렇게 은혜와 진리의 영적인 부활의 세계를 알지 못하면 어두운 운명과 잔혹한 율법의 지배를 받을 수밖에 없습니다. 소망이 없는 삶을 살 수밖에 없습니다.

II. 부활의 자녀가 누리는 생명의 세계

이 말도 되지 않는 질문에 대해 예수님께서는 안타까운 마음으로 대답해 주십니다.

> "이 세상의 자녀들은 장가도 가고 시집도 가되 저 세상과 및 죽은 자 가운데서 부활을 얻기에 합당히 여김을 받은 자들은 장가 가고 시집가는 일이 없으며 그들은 다시 죽을 수도 없나니 이는 천사와 동등이요 부활의 자녀로서 하나님의 자녀임이라."

예수님은 이 세상의 희로애락이 지나간 부활의 세계에는 이 세상에서의 속박과 한계를 벗어나 참된 자유와 기쁨을 누리고 살게 됨을 강조하십니다. 그 나라에서는 우리 인간을 포함한 모든 피조물들이 썩어짐의 종노릇한 데서 해방되어 하나님 자녀들의 영광의 자유에 이르게 됩니다(로마서 8:21).

예수님께서는 또 사두개인들이 잘 아는 출애굽기 말씀을 통해서 하나님은 죽은 자의 하나님이 아니라 살아있는 자의 하나님이심을 말씀해 주십니다. 하나님은 모세에게 자신을 아브라함과 이삭과 야곱의 하나님이라고 칭하셨습니다. 이 하나님의 세계에는 아브라함도 이삭도 야곱도 또 모세도 영원히 살아 있습니다. 그러므로 지금 여기서 내가 하는 모든 행위와 생각도 영원의 가치를 가집니다. 하나님의 자녀들은 이렇게 허무에 굴복하지 않고 의미와 소망의 삶을 살게 됩니다.

그리스도이신 예수님

누가복음 20: 41–21:4

예수님의 말씀의 권위는 부정하기 어려웠습니다. 아무리 교묘한 질문으로 예수를 함정에 빠뜨리려고 해도 오히려 명쾌하고 분명한 대답으로 모든 사람들을 침묵케 하셨습니다. 그런데 예수님의 인간적인 신분을 볼 때 도저히 그를 메시아로 인정하기 어려웠습니다. 그는 나사렛 출신이었고 목수였습니다. 메시아는 다윗의 자손이라고 하는 고정 관념을 깨뜨릴 수 없었습니다. 그러나 예수님은 자신이 다윗보다 먼저 계신 그리스도이심을 시편 말씀을 통해 증거하십니다.

I. 다윗의 주되신 그리스도

다윗은 정치가였지만 기도하는 예언자이기도 했습니다. 그는 그의 시편에서 노래했습니다.

> "주께서 내 주께 이르시되 내가 네 원수를 네 발등상으로 삼을 때까지 내 우편에 앉았으라 하셨도다"(시편 110:1).

이 말씀에서 앞의 '주'는 하나님을 가리키고, 뒤에 나오는 '주'는 예수님을 가리킵니다. 성부 하나님께서 성자 예수님께 왕권을 위임하시고 하나님 나라를 다스리실 것을 예언적으로 말씀하신 것입니다. 그러므로 메시아는 비록 다윗의 후손으로 올지라도 그는 본래 창세 전부터 하나님과 함께 계신 주요 그리스도이십니다. 그러므로 우리 모두는 예수님 안에 감추어진 신성을 보고 그 앞에 무릎을 꿇고 경배해야 합니다(빌립보서 2:10-11).

II. 서기관들을 삼가라

계속해서 예수님은 말씀하십니다. 화려한 옷을 입고 사람들에게 문안받는 것과 높은 자리에 앉는 것을 좋아하는 서기관들을 삼가라고 하십니다. 그들은 과부와 같은 약자의 재산을 삼키며 외식으로 길게 기도하며 자신들의 경건을 드러내기를 좋아합니다. 그런 자들에게는 더 엄중한 심판이 있을 것을 경고하십니다. 예수님의 제자들은 오히려 자신을 낮추고 고아와 과부를 돌아보며 참된 경건의 자리로 나아가야 합니다.

부자들은 자랑스럽고 당당하게 헌금함에 돈을 쨍그렁 소리내며 넣었습니다. 그러나 가난한 과부는 조심스럽게 두 렙돈을 넣었습니다. 예수님은 이 과부가 자신의 생활비 전부를 하나님께 바쳤다면서 그녀의 믿음과 헌신을 크게 칭찬하셨습니다. 예수님은 외모로 판단하지 않으시고 우리의 내면과 진실된 사랑을 보시고 칭찬하십니다.

L U

K E

종말의 징조

누가복음 21:5－19

어떤 사람들이 성전을 가리켜 그 아름다운 돌과 헌물로 꾸민 것을 말했을 때 예수님께서는 날이 이르면 그 아름다운 성전의 돌 하나도 돌 위에 남지 않고 다 무너뜨려질 것을 말씀하셨습니다. 그들에게는 성전의 붕괴는 곧 이 세상의 종말을 의미했습니다. 이 엄청난 말씀을 들은 그들이 예수님께 물었습니다. “선생님이여 그러면 어느 때에 이런 일이 있겠사오며 이런 일이 일어나려 할 때에 무슨 징조가 있사오리이까?”

I. 미혹을 받지 않도록 주의하라

많은 사람들이 예수님의 이름으로 와서 신자들을 미혹하여 때가 가까이 왔다 하며 자신들이 그리스도라고 주장합니다. 많은 이단들과 미혹하는 자칭 메시아들이 출현하게 됩니다. 신자들은 불안하기 때문에 이곳 저곳 찾아 다니며 심리적인 안정을 추구하게 됩니다. 난리와 소요의 소문을 듣게 됩니다. 그러나 두려워하지 말아야 합니다. 아직 끝이 아니기 때문입니다.

II. 전쟁, 지진, 기근, 전염병

하나님께서 이 세상을 심판하실 때 사용하시는 수단의 전형적인 모습이 나라와 나라 사이의 전쟁과 지진, 흉년으로 인한 기근, 전염병입니다. 이런 무서운 일들이 있겠고 하늘로부터 큰 징조들이 있을 것입니다. 그러나 이 모든 일 전에 신자들은 핍박을 당하게 되지만 오히려 그 핍박으로 인해 복음이 증거됩니다. 성령께서 전도자들에게 지혜를 주시고 변박할 수 없는 말을 주셔서 복음이 만국에 전파되게 하십니다. 물론 순교자들이 나옵니다. 심지어 가족들과 친구들에게도 미움을 당하고 버림받게 됩니다.

III. 너희의 인내로 너희 영혼을 얻으리라

이런 말로 할 수 없는 고난과 핍박 가운데서도 하나님께서는 자신의 백성들을 보호하십니다. 심지어는 머리털 하나도 상하지 않게 하신다고 약속하십니다. 결국 끝까지 인내하는 자는 영혼의 구원을 얻게 됩니다. 우리의 육신이 고난과 순교의 아픔을 겪을지라도 우리의 영혼은 그리스도 안에서 안전하게 보호되고 참된 안식을 얻게 됩니다(시편 23:4).

인자가 구름을 타고 능력과 큰 영광으로 오는 것을 보리라

누가복음 21:20-36

예수님께서는 계속해서 종말의 징조에 대해 말씀해 주십니다. 또 우리가 어떤 자세로 어려운 시대를 살아야 하는지 말씀해 주십니다.

I. 예루살렘의 환난

예루살렘이 군대에 에워 싸이게 됩니다. 하나님의 성, 평화의 성이 로마의 군대에 의해 포위되고 철저하게 멸망될 것을 말씀하십니다. 그러나 이 멸망은 이방인의 때로 넘어가는 전환점이 됩니다. AD 70년경 로마의 티투스 장군은 예루살렘을 완전하게 봉쇄하고 돌 위에 돌 하나도 남지 않게 성전과 모든 것을 파괴합니다.

그리고 마지막 날에는 하늘의 권능들이 흔들립니다. 영원히 변치 않을 것 같았던 일월성신이 떨어지고 바다도 쓰나미를 몰고 옵니다. 그때에 사람들이 인자가 구름을 타고 능력과 큰 영광으로 다시 오시는 것을 보게 됩니다. 이런 무시무시한 말씀들을 들으면 두려워하게 됩니다. 그러나 신자들에게는 이 날은 속량의 날입니다. 그러므로 머리를 들고 소망으로 주님을 기다려야 합니다.

이 세상에 있는 모든 것은 유한합니다. 영원할 것 같았던 평화의 성 예루살렘도, 황금으로 장식된 성전도, 태양과 달과 별들도, 육지와 바다도 때가 이르면 다 흔들리고 없어집니다. 그러나 천지가 없어지겠으나 예수님의 말씀은 없어지지 않습니다. 예수님의 예언의 말씀은 이 세대가 지나가기 전에 다 이루어집니다. 그러므로 우리는 방탕함과 술취함과 생활의 염려로 마음이 둔하여지고 마치 종말과 심판이 없을 것처럼 살아서도 안됩니다. 우리는 이 지구상에 거하는 모든 사람에게 임하는 종말의 때가 언제인지는 정확히 알지 못합니다. 그러므로 이 모든 일을 능히 피하고 인자 앞에 서도록 항상 기도하며 깨어 있어야 합니다.

때와 시기는 정확히 알 수 없으나 예수님께서 말씀해 주신 징조를 보면 하나님 나라가 가까운 줄을 자연스럽게 알게 됩니다. COVID-19 글로벌 팬데믹으로 인해 지구상에 있는 거의 모든 나라와 백성들이 어려움을 겪었습니다. 언제 어디서든지 우리의 주님, 신랑 예수 그리스도를 만날 수 있는 깨끗하고 거룩한 신부의 삶을 살아야 합니다.

주여 오시옵소서. 마라나타!

내 피로 세우는 새 언약

누가복음 21:37–22:23

곧 십자가에 달리실 때가 가까이 옴에도 불구하고 예수님께서는 낮에는 성전에서 가르치시고 밤에는 나가 감람원이라 하는 산에서 쉬셨습니다. 생의 마지막까지 말씀을 증거하시는 예수님의 모습을 배웁니다. 모든 백성들이 그 말씀을 듣기 위해 이른 아침에 성전에 나아갔습니다. 종교 지도자들은 어떻게 이 예수님을 제거할 수 있을까 방도를 궁리했습니다. 그 때 마침 가룟인이라 부르는 유다에게 사탄이 들어가 예수를 배반하고 그들과 모의하여 돈을 받고 예수를 넘겨 줄 기회를 찾고 있었습니다. 이런 긴박한 상황 가운데서도 예수님은 베드로와 요한을 보내어 유월절 만찬을 준비하게 하십니다. 그 당시 유월절을 지키기 위해 약 270만 명이 예루살렘에 있었다고 합니다. 그래서 예수님과 제자들을 위한 장소를 찾기가 쉽지 않았습니다. 그러나 예수님께서는 그들이 어디서 만찬을 준비해야 하는지 자세히 알려주셨습니다. 이 준비를 통해서도 베드로와 요한은 예수가 주 되심을 또 한번 배우게 되었습니다. 하나님의 시간과 인간의 시간이 서로 교차하면서 하나님의 뜻을 이루어가고 있습니다.

I. 이것은 너희를 위하여 주는 내 몸이라

예수님은 이 만찬이 하나님 나라가 임할 때까지 이 땅에서 나누는 최후의 유월절 만찬이 될 것을 말씀하십니다. 떡을 가져 감사 기도하시고 떼어 제자들 한 사람 한 사람에게 나누어 주셨습니다. 이 떡은 제자들과 우리를 위한 주의 몸입니다. 주의 제자들은 주로 말미암아 살게 됩니다. 우리의 생명의 힘은 주께로부터 옵니다. 주가 내 안에 내가 주 안에 사는 것이 그리스도인들의 삶입니다(갈라디아서 2:20).

II. 너희를 위하여 붓는 내 피

저녁 먹은 후에 잔도 나누시며 "이 잔은 내 피로 세우는 새 언약이니 곧 너희를 위하여 붓는 것이라."고 말씀하셨습니다. 누구든지 이 잔을 마시며 예수님의 피를 믿으면 하나님과의 은혜의 언약 안으로 들어가게 됩니다. 예수님은 우리를 위해 자신의 피를 아낌없이 다 부어 주셨습니다. 이 언약을 위해 우리가 한 것은 없습니다. 일방적인 하나님의 긍휼로 세우신 언약입니다. 영원히 변하지 않는 새 언약입니다. 교회는 이를 행하여 주 예수를 기념해야 합니다.

LU
KE
22
장

나는 섬기는 자로 너희 중에 있노라

누가복음 22:24-34

예수님은 십자가를 향해서 한 걸음 한 걸음 가시는데 제자들 사이에서는 "그중 누가 크냐?" 하는 다툼이 일어났습니다. 참으로 어처구니없는 다툼이었습니다. 아마도 그들은 마지막 순간에 예수님께서 분연히 일어나 로마의 세력을 뒤엎어 버리실 것으로 생각했을지도 모릅니다. 그런데 예수님께서는 그들은 이 세상의 통치자들과는 달라야 할 것을 말씀해 주십니다.

I. 너희는 그렇지 않을지니

이방인의 임금들은 칼과 무력으로 나라를 다스립니다. 백성들을 억압해서 마치 자신들이 큰 은혜를 베푸는 것처럼 숭배와 존경을 받습니다. 로마의 황제들은 심지어 신으로 추앙을 받았습니다 그러나 예수님의 공동체에서는 그렇지 않아야 합니다. 음식을 먹는 자리에서 예수님은 앉아서 잡수시지 않고 오히려 서서 제자들을 섬기며 발을 씻겨 주셨습니다. 예수님의 공동체 하나님 나라에서는 이 세상과는 완전히 다른 원리가 적용됩니다. 예수님은 언제나 섬기는 자로 우리 가운데 계십니다. 가장 낮은 자리에서 가장 많이 섬기는 사람이 가장 많이 우리 주님 예수님을 닮은 사람입니다.

예수님은 그동안 많은 어려움과 시험을 함께 이겨낸 제자들을 위로하십니다. 성부 하나님께서 자신에게 하나님 나라 통치를 맡기신 것 같이 자신도 제자들에게 이 세상의 통치를 맡기십니다. 예수님의 상에서 함께 먹고 마시는 특권도 주십니다. 왕 같은 제사장으로서의 신분과 사명을 주십니다(베드로전서 2:9).

II. 너는 돌이킨 후에 네 형제를 굳게 하라

시몬 베드로는 예수님께서 택하신 특별한 종입니다. 그는 특별한 열심으로 주를 따랐습니다. 주께서 가시는 곳이면 물 위라도 나아갔습니다. 그런 그가 예수님의 십자가 앞에서는 예수를 부인하게 될 것을 예수님께서 말씀하십니다. 오늘 닭이 울기 전 세 번이나 주를 모른다고 부인하게 될 것을 말씀해 주십니다. 그러나 예수님은 그를 이해하십니다. 그 부인으로 인해 믿음이 떨어지지 않도록 그를 위해서 먼저 기도해 주십니다. 그리고 그가 그 부인의 상처에서 돌이켜 오히려 형제들을 굳게 하실 것을 말씀해 주십니다.

예수님은 베드로의 연약함을 아십니다. 그러나 그를 향한 소망을 놓지 않으십니다.

> "하나님의 은사와 부르심에는 후회하심이 없느니라."(로마서 11:29).

이 예수님의 무한하신 사랑과 소망 안에 우리들도 우리의 죄악과 연약함에도 불구하고 담대함으로 주를 섬길 수 있습니다. 돌이키고 회개한 자는 더 큰 용서와 사랑의 영향력으로 형제들을 굳게 할 수 있습니다.

내 원대로 마시옵고

누가복음 22:35 - 46

십자가를 앞 둔 예수님은 전쟁을 수행하는 장군의 심정을 가졌을 것입니다. 사탄은 어떻게 하든지 예수님을 넘어뜨리기 위해서 총 공격을 감행하고 있었습니다. 시몬 베드로로 대표되는 3년 동안 키운 제자들의 믿음이 크게 위협을 받고 있었습니다. 이런 긴박한 상황 가운데 예수님은 제자들의 마음을 준비시키십니다. 또 자신도 겟세마네 동산에서 아버지의 뜻에 순종하시기 위해 땀이 핏방울 같이 되도록 기도하십니다.

I. 전대와 검을 준비하라

예수님은 제자들을 훈련하실 때 전대나 배낭이 없이 전도여행을 보내신 적이 있습니다. 그러나 그들은 하나님의 공급으로 아무 부족함이 없이 사명을 수행했습니다. 그러나 지금 예수님은 불법자와 같이 여김을 받습니다. 이제 곧 로마의 군대에 의해 체포될 처지에 놓였습니다. 이런 절박한 상황에서 이제는 전대와 배낭을 가지고 검도 준비해서 자신들의 안전을 도모하라고 하십니다. 이 말씀을 어떻게 이해해야 할까요? 실제로 칼도 준비하고 돈도 준비해야 할까요? 그러나 예수님께서 잡히시던 밤에 베드로가 칼을 쓰자 그것을 금지하셨습니다. 따라서 이 말씀은 위기의 시간에 대비해서 영적인 무장과 준비를 하라 하신 것으로 이해할 수 있을 것 같습니다.

II. 이 잔을 내게서 옮기시옵소서. 그러나

예수님은 이 십자가의 시간을 위해 오셨고 또 온 인류의 구속을 위해 죽으시고 부활하셔야 할 것을 아셨습니다. 여러 번 제자들에게 인자가 넘겨지고 죽으시고 삼일 만에 부활하실 것을 언급하셨습니다. 그럼에도 불구하고 인성을 지니신 예수님에게 하나님께서 지우신 십자가의 무게는 너무나 무거웠습니다. 이를 이겨낼 힘이 필요했습니다. 그래서 늘 기도하시던 감람산에서 땀이 땅에 떨어지는 핏방울같이 될 정도로 간절히 기도하셨습니다. 제자들에게도 유혹에 빠지지 않도록 기도하라고 부탁하셨습니다. "아버지여 만일 아버지의 뜻이거든 이 잔을 내게서 옮기시옵소서. 그러나 내 원대로 마시옵고 아버지의 원대로 되기를 원하나이다." 여기서 진정한 기도는 나의 뜻을 이루기 위해 간청하기보다는 아버지의 뜻을 이루기 위해 아버지의 힘과 위로를 구하는 것임을 알 수 있습니다. 이런 순종을 드리는 예수님께 천사가 하늘로부터 나타나 힘을 더하였습니다.

예수님의 감람산 기도는 유혹과 시험을 이기는 승리의 기도요 아버지의 뜻과 나라를 세우는 순종의 기도입니다. 이 세상의 모든 문제는 자기의 뜻과 자신의 왕국을 세우는 이기심과 교만과 이를 조장하는 사탄의 유혹과 시험이라고 할 수 있습니다. 예수님은 이 기도를 통해 최후의 승리자요 하나님의 뜻과 나라를 완성하는 메시아가 되셨습니다. 그러나 제자들은 슬픔과 잠을 이기지 못했습니다. 우리는 어떤 기도를 드리고 있나요?

유다의 배반과 베드로의 부인

누가복음 22:47-62

한 인간이 겪을 수 있는 아픔 중에 가장 큰 것은 사랑하는 사람으로부터의 배반을 들 수 있을 것 같습니다. 오늘 본문에서 예수님은 두 제자로부터 배반과 버림을 받습니다. 우리가 십자가와 사명의 길을 가려고 할 때 이 아픔도 함께 지고 가야 할지도 모릅니다.

I. 유다야, 네가 입맞춤으로 인자를 파느냐?

감람원에서 기도하시고 제자들에게 시험에 들지 않게 일어나 기도하라고 말씀하실 때 한 무리가 예수님께 오는데 열두 제자 중의 하나인 유다가 앞장서 와서 선생님께 입을 맞추려고 가까이 하였습니다. 예수님은 상한 마음으로 유다에게 말씀했습니다. "유다야 네가 입맞춤으로 인자를 파느냐?" 입맞춤이란 가까운 사람들에게 하는 인사입니다. 그러나 유다는 사랑의 인사를 배반으로 바꾸었습니다. 그 친밀함의 표현을 스승을 팔아 넘기는 악한 수단으로 사용하고 있습니다. 우리에게도 혹시나 유다에게 있었던 배신의 마음이 있는지 살펴보아야 합니다. 유다는 예수를 자기의 목적에 이용하려다가 그것이 안되자 결국 예수를 배신한 것으로 보입니다.

그중의 한 사람이 칼로 대제사장의 종을 쳐 그 오른쪽 귀를 떨어뜨렸습니다. 예수님은 "이것까지 참으라." 하시고 그 귀를 만져 낫게 해 주셨습니다. 아무런 방비도 없는 평화와 진리의 왕이신 그리스도를 마치 강도를 잡듯이 검과 몽치를 가지고 대제사장들과 성전의 경비대장들과 장로들이 왔습니다. 이런 말도 되지 않는 상황을 참으라고 말씀하십니다. 어둠의 때와 권세를 잠시 허락하신 하나님의 뜻에 순복하고 참고 인내해야 합니다. 사랑과 은혜의 길, 진리의 길을 가고자 할 때에 우리는 도저히 이해할 수 없는 상황을 만납니다. 이때 피곤하여 낙심하지 않기 위하여 죄인들이 자기에게 거역한 일을 참으신 주를 생각해야 합니다(히브리서 12:3).

II. 나는 네가 하는 말을 알지 못하노라

무리들이 예수를 잡아 끌고 대제사장의 집으로 들어갈 때에 베드로가 멀찍이 따라갔습니다. 날씨도 춥기도 하고 베드로의 마음도 추웠습니다. 사람들이 뜰에서 불을 피우고 앉아 있는 가운데 베드로도 거기에 앉아 있었습니다.. 그때 한 여종이 베드로를 주목하여 "이 사람도 그와 함께 있었느니라."고 말하자 베드로는 내가 그를 알지 못한다고 부인했습니다. 이렇게 세 번이나 베드로는 예수를 부인했습니다. 그 말을 하고 있는 순간에 닭이 "꼬끼오!" 하면서 울었습니다. 예수님께서는 그 사랑하는 제자를 돌이켜 보셨습니다. 그의 아픔과 두려움을 이해하셨습니다. 베드로는 "오늘 닭이 울기 전에 네가 세 번 나를 부인하리라." 하신 말씀을 기억하고 나가서 심히 통곡하였습니다. 배신과 부인의 아픔을 이겨내신 우리 주 예수님을 찬송합니다.

내가 그니라

누가복음 22:63-23:12

유다의 배반으로 체포되신 예수님은 그 당시 종교 지도자들과 정치 지도자들에 의해 심문을 받습니다. 그들은 예수를 희롱하고 때리고 욕하고 조롱합니다. 그러나 예수님은 자신에 대해 매우 분명하게 증거하십니다.

I. 하나님의 아들이신 예수님

밤중에 체포되신 예수님은 날이 새매 공회에서 심문을 받게 됩니다. 대제사장들과 서기관들은 예수님께서 그리스도, 즉 메시아이거든 자신들에게 말하라고 다그칩니다. 이에 이미 답을 정해놓고 묻는 질문에 대해서는 대답하지 않겠다고 하십니다. "내가 말할지라도 너희가 믿지 아니할 것이요. 내가 물어도 너희가 대답하지 아니할 것이니라. 그러나 이제부터는 인자가 하나님의 권능의 우편에 앉아 있으리라." 공회는 이 '충격적인' 말씀에 놀라 일제히 물었습니다. "그러면 네가 하나님의 아들이냐?" 예수님은 "너희들이 내가 그라고 말하고 있느니라."고 대답하셨습니다. 그들은 자신들의 종교 권력을 지키기 위해 이미 예수를 죽이고자 결정했기 때문에 더 이상 증거가 필요하지 않았습니다. 나는 예수를 모른다는 베드로의 부정과 내가 바로 그라고 분명히 밝히는 예수님의 긍정이 대조

됩니다.

II. 유대인의 왕이신 예수님

종교 지도자들은 예수를 로마의 총독인 빌라도에게 끌고 가서 정치범으로 고발합니다. "우리가 이 사람을 보매 우리 백성을 미혹하고 가이사에게 세금 바치는 것을 금하며 자칭 왕 그리스도라 하더이다." 이들의 고발은 반은 맞고 반은 틀립니다. 사탄은 언제나 부분적인 거짓을 가지고 우리를 속입니다. 살인적인 거짓말입니다. 빌라도는 예수님께 네가 유대인의 왕이냐고 물어 봅니다. 예수님께서는 "네 말이 옳도다."라고 대답하셨습니다. 예수님은 진리를 찾는 모든 하나님의 백성들의 왕이십니다. 진리의 왕이신 예수를 자신의 왕이요 그리스도로 영접하는 자에게는 그 나라의 백성이 되는 특권이 부여됩니다. 그분의 은혜와 평강의 통치를 받게 됩니다. 빌라도는 예수님에게서 죄를 찾지 못했습니다. 그래서 그를 석방하고자 했습니다. 그러자 무리들이 더 강하게 예수를 고발했습니다. 예수가 갈릴리 사람인 것을 안 빌라도는 예수를 헤롯에게 보냈습니다. 헤롯은 단순한 호기심으로 예수를 심문했지만 예수님께서는 아무 대답도 않으셨습니다. 결국 헤롯은 군인들과 함께 예수를 희롱하고 능욕하고 다시 빌라도에게 돌려 보냈습니다. 이렇게 빌라도와 헤롯은 정치적인 원수였으나 예수를 조롱하고 능욕하는 것에는 서로 친구가 되었습니다.

간절한 마음으로 진리를 찾고 구하면 우리는 예수님을 하나님의 아들이요 유대인의 왕으로 만날 수 있습니다. 그렇지 않으면 우리는 예수를 능욕하는 세상과 친구가 됩니다. 당신의 선택은 무엇인가요?

LU
KE
23
장

세기의 오판

누가복음 23:13-31

예수님께서 다시 빌라도의 법정으로 오게 되었습니다. 빌라도는 예수님에게서 죄를 찾을 수 없었습니다. 그렇다면 당연히 예수를 놓아주어야 했습니다. 그러나 그는 군중들의 소리와 요구에 눌려 인류 역사상 가장 나쁜 재판의 악한 재판장이 되었습니다.

I. 보라 그가 행한 일에는 죽일 일이 없느니라

빌라도는 대제사장들과 관리들과 백성들을 불러 모으고 자신이 예수를 심문했으나 그에게서 죄를 찾지 못했다고 말합니다. 또 헤롯도 마찬가지로 죄를 찾지 못했고 따라서 예수를 석방하겠다고 말합니다. "보라 그가 행한 일에는 죽일 일이 없느니라." 이것이 그의 판단이었습니다 재판장은 언제나 법률과 양심에 따라 재판해야 합니다 어떠한 다른 이유로 정치적인 판단을 하면 안됩니다. 그러나 빌라도는 자신이 판단을 내리지 않고 재판을 군중들이 하도록 했습니다. 무리들은 예수 대신에 바라바를 석방하고 예수님은 십자가에 못 박으라고 요구했습니다. "십자가에 못 박게 하소서." 23절에 보면 "그들의 소리가 이긴지라."고 기록되어 있습니다 이 말도 되지 않는 군중의 소리가 이겼습니다. 어두움이 진리를 "이기는" 순간입니다. 빌라도는 그들의 뜻대로 예수님에게 십자가 사형을 언도하고 그들의 손에 넘겨 주었습니다. 이렇게 빌라도는 세기의 오판의 주인공이 되어 오고 오는 모든 세대에서 예수님을 십자가에 못 박은 인류의 대명사가 되었습니다. 진리와 양심을 따르지 않고 타협하고 정치적인 유불리를 따라 판단하는 것이 얼마나 악하고 위험한지 알게 됩니다.

II. 나를 위하여 울지 말고 너희와 너희 자녀들을 위하여 울라

예수님은 이미 채찍에 맞고 이리 저리 심문을 받느라 끌려 다녀서 자신을 지탱할 힘이 없었습니다. 더구나 그 무거운 십자가를 지느라 자주 쓰러졌습니다. 마침 시몬이란 구레네 사람이 시골에서 오는 것을 붙들어 그에게 십자가를 지워 예수를 따르게 했습니다. 이 시몬은 후에 로마 교회의 지도자가 된 루포의 아버지입니다. 억지로 지워진 십자가가 그의 구원, 그 은혜의 통로가 되었습니다.

이 십자가의 길에는 백성과 여자들의 큰 무리가 따르며 예수님의 고난을 슬퍼하며 울었습니다. 그러나 예수님은 예루살렘의 딸들이 오히려 자신들과 자신들의 자녀를 위하여 울라고 말씀하십니다. 진리와 평강의 왕을 배척한 예루살렘이 당할 심판이 너무 끔찍하기 때문입니다. 예수님의 십자가를 생각하며 감상적인 슬픔에 잠기기보다는 이 예수님을 믿지 않는 세상에 임할 심판을 생각하고 눈물의 기도를 드려야 할 것입니다.

아버지여
저들을 사하여 주옵소서

누가복음 23:32–43

예수님께서는 두 행악자들과 함께 사형 집행을 받게 되었습니다. '해골'이라고 하는 곳에 이르러 거기서 예수를 십자가에 못 박고 두 행악자도 그렇게 하나는 우편에, 하나는 좌편에 나무에 달아 세웠습니다. 이 십자가 형벌은 인류가 고안한 가장 잔인한 사형 제도 중 하나입니다.

I. 자기들이 하는 일을 알지 못함이니이다

군인들이 예수님의 겉옷을 벗기고 그 옷을 제비 뽑아 서로 가지려고 했습니다. 한 쪽에서는 한 생명이 죽어가고 있는데 옷 한 벌 더 가지고자 하는 인간의 사악함과 잔인함을 봅니다. 이런 인간들을 위해 예수님은 기도하십니다. "아버지여 저들을 사하여 주옵소서. 자기들이 하는 일을 알지 못함이니이다." 이 세상은 저 갈보리에 나무 위에 달리신 분이 누구인지 알지 못합니다. 뿐만 아니라 관심도 없습니다. 그저 조금 더 잘 먹고, 조금 더 좋은 집에서, 조금 더 좋은 자동차를 타고, 조금 더 멋져 보이는 옷을 입기 위해 바쁘게 살아 갑니다. 그런 사람들을 위해 예수님은 기도하십니다. "아버지여 저들을 사하여 주옵소서." 이 주님의 기도 안에 이 세상은 소망이 있습니다. 우리의 무관심과 잔인함을 벗어나 골고다 언덕 위에 높이 달리신 분이 과연 누구인지 알아 보고자 할 때 이 세상은 희망이 있습니다.

백성들은 구경하고 관리들은 예수를 비웃고 조롱합니다. 군인들은 예수님께 신포도주를 주며 네가 만일 유대인의 왕이며 그리스도이거든 너 스스로를 먼저 구원하라고 희롱합니다. 이 모든 모욕과 수치를 참으신 주님을 찬양합니다. 우리를 구원하시기 위해 자신을 구하지 않으신 주님의 희생을 찬송합니다. "만 왕의 왕 내 주께서 왜 고초 당했나. …"

II. 오늘 네가 나와 함께 낙원에 있으리라

예수와 함께 나무에 달린 행악자 하나가 예수를 비방했습니다. "네가 그리스도가 아니냐 너와 우리를 구원하라." 그런데 다른 편에 달린 한 사람은 비방하는 행악자를 꾸짖어 말했습니다. "네가 동일한 정죄를 받고서도 하나님을 두려워하지 아니 하느냐 우리는 우리가 행한 일에 상당한 보응을 받는 것이니 이에 당연하거니와 이 사람이 행한 것은 옳지 않은 것이 없느니라." 그리고 예수를 향해 청했습니다. "예수여 당신의 나라에 임하실 때에 나를 기억하소서." 이 엄청난 믿음의 사람에게 예수님은 약속하셨습니다. "내가 진실로 네게 이르노니 오늘 네가 나와 함께 낙원에 있으리라." 자신의 최후의 순간까지 한 사람을 불쌍히 여기시고 구원하시는 예수님의 사랑이 놀랍습니다.

예수님을 영접하는 자들은 오늘 예수님과 함께 낙원에 있게 됩니다. 예수님의 용서와 낙원의 기쁨을 누리게 됩니다. 오늘이 바로 구원의 날입니다(고린도후서 6:2).

아버지, 내 영혼을 아버지 손에 부탁하나이다

누가복음 23:44-56

때가 제육시쯤 되었습니다. 정오인데도 불구하고 해가 빛을 잃고 온 땅에 어둠이 임하여 제구시까지 계속되었습니다 하늘과 땅이 온통 어두움으로 뒤덮여 버렸습니다 그러나 하나님의 아들이 십자가의 저주를 받으신 이 기가 막힌 사건을 통해 하나님은 놀라운 일을 행하십니다.

I. 성소의 휘장이 찢어졌습니다

그때까지는 지성소와 성소를 가르는 휘장이 있었습니다. 누구도 이 휘장을 넘어갈 수 없었습니다. 만약 이 휘장을 사사로이 넘을 때는 죽을 수밖에 없었습니다. 그래서 일 년에 한 번 대제사장만이 짐승의 피를 가지고 속제의 제사를 드릴 때만 들어갈 수 있었습니다. 그런데 예수님께서 온 인류의 죄와 죄책을 지시고 그 몸으로 온 세상에 임할 저주를 담당하실 때 하나님과 인간을 갈라놓은 휘장 한가운데가 찢어졌습니다. 이 후로는 누구나 예수 안에서 당당하게 하나님의 은혜의 보좌로 나아갈 수 있게 되었습니다(로마서 5:1-2).

II. 이 사람은 정녕 의인이었도다

예수님의 사형을 집행한 군인들 가운데 백부장이 있었습니다. 이 백부장은 가장 가까이에서 예수님께서 어떻게 마지막 순간까지도 기도하시며 한 영혼을 사랑하시는지 지켜 보았습니다. 또 예수님의 인간으로서의 처절한 고통도 지켜 보았습니다. 빌라도의 비겁한 판결도 보았습니다. 종교지도자들의 악함과 백성들의 어리석음도 보았습니다 군인 동료들의 잔인함도 보았습니다. 이 모든 것을 본 그의 결론은 "정녕 이 사람은 의인이었도다."였습니다. 편견 없이 예수를 진실하게 만나는 자는 누구나 이런 고백을 하게 됩니다. 이 한 사람의 고백을 통해 우리는 앞으로 모든 이방세계에서 참된 진리를 찾는 수 많은 주의 백성들이 일어나게 될 것을 보게 됩니다(요한복음 7:17).

III. 아리마대 요셉의 장사

이렇게 불의한 권력자들에 의해 죽임을 당하신 예수를 보고 또 한 의로운 사람이 분연히 일어났습니다. 그는 공회원이었지만 그들의 결의와 행사에 찬성하지 않는 사람이었습니다. 그리고 그는 하나님 나라를 기다리는 사람이었습니다. 그는 두려움을 극복하고 빌라도에게 가서 예수님의 시체를 달라 하여 세마포로 싸고 아직 사람을 장사한 일이 없는 바위에 판 무덤에 장사하였습니다. 십자가는 우리에게 분명한 선택을 요구합니다. 진리를 따르든지 아니면 불의의 편에 설 것인지 결정을 요구합니다. 십자가는 두려워하는 회색분자 같은 사람들을 진리를 따르는 제자가 되게 합니다. 아리마대 요셉의 장사는 예수님의 죽으심의 객관적인 확실한 증거였습니다.

L U

K E

어찌하여 살아 있는 자를 죽은 자 가운데서 찾느냐

누가복음 24:1 – 12

예수님은 아리마대 요셉에 의해 장사되어 바위에 판 무덤에 안치되었습니다. 이렇게 제자들의 가슴을 뜨겁게 달구었던 예수님의 아름다운 이야기는 그냥 한 순간의 추억으로 끝나는 것 같았습니다. 그러나 갈릴리에서 예수와 함께 온 여인들의 마음에 있는 사랑은 끝나지 않았습니다. 아리마대 요셉과 함께 예수님의 장례를 지켜본 여인들은 돌아가 향품과 향유를 준비했습니다. 그리고 계명을 따라 안식일에 쉬었습니다.

I. 여기 계시지 않고 살아나셨느니라

안식 후 첫날 새벽에 여인들이 그 준비한 향품을 가지고 무덤에 갔는데 무덤을 막고 있던 육중한 돌이 굴러 옮겨진 것을 보고 무덤 안으로 들어가 보았습니다 그런데 당연히 거기 있어야 할 예수님의 시체는 보이지 않았습니다. 이로 인하여 근심할 때에 문득 찬란한 옷을 입은 두 사람이 곁에 섰는데 여인들은 몹시 두려워 얼굴을 땅에 대니 그 두 사람이 말했습니다. "어찌하여 살아 있는 자를 죽은 자 가운데서 찾느냐? 여기 계시지 않고 살아나셨느니라."

예수님은 죽은 자 가운데 계시지 않고 살아 계십니다. 우리의 믿음은 아름다운 추억을 기억하고 회상하고 그 시절을 그리워하며 연민에 빠지는 감상적인 것이 아닙니다. 우리의 믿음은 살아 계신 주님과의 역동적인 만남입니다 그러므로 우리의 믿음은 과거에 머물지 않고 현재와 미래를 살아내는 힘입니다 이 살아 계신 주님 안에서 과거 주님께서 행하셨던 모든 기적과 말씀들이 현재적인 의미를 가집니다. 십자가는 우리에게 한없이 고맙고 감사한 일이지만 살아 계신 주님 안에서 십자가는 우리 인류를 구원하는 구속 사역이 됩니다.

"여기 계시지 않고 살아나셨느니라." 이 생명의 선포로 인해 우리의 믿음은 죽은 문자의 종교에서 벗어나 변화와 역동의 삶이 됩니다.

II. 부활의 증인

두 천사는 여인들에게 예수님께서 갈릴리에 계실 때에 인자가 죄인들의 손에 넘겨져 십자가에 못 박히고 제삼일에 다시 살아나야 하리라고 하신 말씀을 상기시켜 주었습니다. 이에 여인들은 그 말씀을 기억하고 부활을 믿을 수 있었습니다. 그들의 슬픔이 변하여 기쁨이 되고 두려움이 변하여 증인의 용기가 되었습니다. 이들은 즉시 이 부활의 기쁜 소식을 열한 사도와 다른 모든 이에게 알렸습니다. 첫 증인이 된 것입니다. 이 놀라운 소식을 들은 제자들은 아직 믿지 못했습니다. 그러나 베드로는 달려가 빈 무덤과 세마포만 확인하고 놀랍게 여기며 집으로 돌아갔습니다.

주께서
과연 살아나시고

누가복음 24:13－35

그날에 그들 중 둘이 예루살렘에서 북서쪽으로 약 11킬로미터 떨어진 엠마오라 하는 마을로 가면서 이 모든 된 일들을 서로 이야기했습니다. 그들은 예수님과 함께 새로운 나라를 세우고자 하는 꿈이 있었습니다. 예수님께서 예루살렘으로 올라가실 때 수많은 군중들이 환호하고 추종할 때 그들은 더욱 희망에 부풀어 있었습니다. 그런데 실제로는 너무나 처참하게 그들이 그리스도라 믿었던 나사렛 예수님은 무기력하게 대제사장들과 관리들에 의해 넘겨주어 십자가에 못 박혀 죽었습니다. 그들은 이 충격과 슬픔을 이길 수 없었습니다. 너무나 허탈해서 넋 놓고 며칠 동안 울고만 있었습니다. 그러다가 이제 우는 것도 지쳐서 모든 것을 포기하고 고향으로 내려가고 있습니다. 그야말로 예수와의 아름다운 일들이 일장춘몽과 같이 느껴졌습니다. 슬픔과 연민, 허탈감과 무기력함, 종교 지도자들에 대한 분노, 이런 감정들이 교차하며 이제 무엇을 하며 살아야 하는지 걱정과 답답함으로 터벅터벅 길을 가고 있습니다.

I. 그들과 동행하시는 예수님

이렇게 물거품이 되어버린 자신들의 꿈과 예수와의 추억을 이야기하며 길을 가고 있을 때에 예수님께서 가까이 이르러 그들과 동행하셨습니다. 예수님은 우리와 함께 길을 가시는 주님이십니다. 우리의 슬픔과 절망과 분노와 아픔을 이해하시는 주님이십니다. 우리의 답답한 마음의 호소를 다 들어주시는 친구이십니다. 이렇게 가까이 길을 함께 가시는 동행자이심에도 불구하고 그들은 예수를 알아보지 못합니다. 그들의 눈이 가리워졌다고 성경은 말씀합니다. 이들과 같이 우리도 우리와 항상 동행하시는 예수님을 알아보지 못할 때가 많습니다. 특히 신앙생활을 하다가 실패와 좌절을 겪고 모든 것을 포기하고자 할 때 우리의 눈이 세상의 일과 슬픔과 절망으로 가리워지기 때문입니다. 사도 바울은 우리의 영적인 눈이 밝아지기를 기도합니다(에베소서 1:17-18). 우리와 동행하시는 예수님을 깨달을 때 우리의 모든 문제는 해결됩니다.

II. 성경을 풀어주시고 함께 음식을 나누시는 예수님

길을 함께 가시면서 예수님은 그들에게 성경을 통해 그리스도가 고난을 받고 자기의 영광에 들어가야 할 것을 모세와 모든 선지자의 글로 시작하여 모든 성경에 쓴 바 메시아에 대한 예언을 자세히 설명해 주셨습니다. 그리고 그들과 함께 앉아 식사를 나누시며 교제하셨습니다. 이를 통해 그들의 마음이 뜨거워지고 눈이 밝아졌습니다. 부활의 믿음은 말씀을 이해할 때 얻을 수 있습니다. 이렇게 예수님을 만난 그들은 즉시 예루살렘으로 돌아가 부활의 증인이 되었습니다. 그들은 이렇게 외쳤습니다.

"주께서 과연 살아나시고(Der Herr ist wahrhaftig auferstanden)!"

너희는
이 모든 일의 증인이라

누가복음 24:36-48

그 엠마오로 가던 두 제자가 예루살렘으로 돌아와 열한 사도에게 예수님께서 진실로 살아나셨음을 증언했습니다. 자신들에게 성경을 풀어주시고 마음을 뜨겁게 하시며 함께 떡을 떼며 식사를 나누신 것을 자세히 말했습니다. 그래도 열한 제자들은 아직 이 놀라운 소식을 믿을 수 없었습니다.

I. 몸으로 부활하신 예수님

무언가 일어나기는 한 것 같은데 어떤 일이 일어났는지 몰라서 열한 제자들은 몹시 혼란스러웠습니다. 서로 이런 저런 말을 하고 있을 때에 예수님께서 친히 그들 가운데 서서 말씀하셨습니다. "너희에게 평강이 있을지어다." 평강을 주시는 예수님을 찬송합니다. 예수님의 제자들이 누릴 수 있는 가장 큰 축복은 '샬롬, 평강'입니다. 어떤 환경 가운데서도 변하지 않는 부활하신 그리스도의 사랑 안에 있기 때문에 예수님의 제자들은 태풍의 눈 같은 평화를 누릴 수 있습니다. 이 평화를 누리기 위해서는 예수님께서 살아나시고 언제나 우리와 함께하신다는 사실을 믿어야 합니다. 이 믿음을 제자들의 마음에 심기 위해서 예수님은 두 가지 일을 하십니다. 첫째로 몸의 부활을 보여주십니다. 제자들은 이 믿을 수 없는 일로 인해 예수님이 영이 아니신가 의심했습니다. 그러나 예수님께서는 손과 발을 보여주시고 살과 뼈로 살아나신 실체를 보여주셨습니다. 그래도 믿지 못하는 제자들을 위해 생선 한 토막을 함께 드시며 몸의 부활을 확증해 주셨습니다. 여기서 우리의 믿음은 상상과 공상의 세계의 형이상학적인 이론적인 것이 아님을 알 수 있습니다. 보고 듣고 만지고 맛볼 수 있는 것이 우리의 믿음이요 예수님과의 관계입니다(요한일서 1:1-4).

II. 성경을 깨닫게 해주신 예수님

둘째로 제자들에게 믿음을 심기 위해서 성경을 깨닫게 해주십니다. 엠마오로 가던 제자들에게도 모세와 선지자의 글을 풀어서 자세히 설명하심으로 그들의 가리워진 눈을 뜨게 해주셨습니다. "내가 너희와 함께 있을 때에 너희에게 말한 바 곧 모세의 율법과 선지자의 글과 시편에 나를 가리켜 기록된 모든 것이 이루어져야 하리라 한 말이 이것이라." 이렇게 성경을 통해 그들의 마음을 열고 말씀을 깨닫게 하셨습니다.

예수님은 성경에 그리스도가 고난을 받고 제삼일에 죽은 자 가운데서 살아날 것과 또 그의 이름으로 죄 사함을 받게 하는 회개가 예루살렘에서 시작하여 모든 족속에게 전파될 것이 기록되었다고 말씀하십니다. 예수님의 탄생, 사역, 십자가 부활, 복음전파와 이방인들의 회개, 이 모든 것이 우연히 발생한 우발적인 사건이 아니고 구약성경에서부터 기록된 하나님의 예정된 절대적인 구속 사역임을 분명히 하십니다. 이제 모든 것을 보고 들은 그들과 우리들은 하나님의 거룩한 구속 사역의 증인들입니다. 우리는 보고 들은 것을 진실되게 말하지 않을 수 없습니다. 아멘!

약속

누가복음 24:46-49

예수님은 열한 제자와 또 함께 있던 여인들에게 증인의 사명을 주셨습니다. 이 엄청난 사명을 그들이 어떻게 감당할 수 있을까요? 그들은 숫자적으로 너무 적습니다. 열한 사도, 많이 잡아도 120명 정도 소수의 힘 없는 유대인들이 어떻게 그 넓고 큰 세상에 로마의 공권력에 의해 십자가에 처형당한 나사렛 예수를 왕이요 그리스도라고 전할 수 있을까요?

I. 기록된 말씀

예수님은 그들이 사명을 수행할 수 있도록 두 가지 것을 주십니다. 첫째로 성경입니다. 예수님은 제자들의 열심과 아이디어에 세계선교가 좌우되는 것이 아니라 예수님의 이름으로 죄 사함을 받게 하는 회개가 예루살렘에서 시작하여 모든 족속에게 전파될 것이 기록되었다고 말씀하셨습니다. 다시 말하면 모든 민족에 대한 만민 구속 역사가 절대적인 하나님의 뜻이요 약속이란 것입니다. 우리가 이 크신 위임명령을 우리가 수행해야 할 사명으로만 보지 않고 약속으로 보는 누가의 역사관을 가지는 것은 매우 중요합니다. 이 사명이 우리에게만 달려 있다면 우리는 이 사명의 중압감에 눌려 질식할 것입니다. 조금 해보다가 포기할 수도 있습니다.

그러나 이 일이 우리의 일이라기보다는 하나님의 일(Missio Dei)이라는 인식이 있을 때 우리는 겸손하게 있는 곳에서 우리가 만난 부활의 주님을 증거할 수 있습니다. 그리고 기도할 수 있습니다. "당신의 뜻이 이루어지고 당신의 나라가 임하소서." 아멘!

II. 성령

둘째로 예수님은 제자들에게 성령을 보내시겠다고 약속하십니다. "볼지어다 내가 내 아버지께서 약속하신 것을 너희에게 보내리니 너희는 위로부터 능력으로 입혀질 때까지 이 성에 머물라." 하나님의 역사는 성령님의 역사입니다. 성령은 아버지의 약속으로 아들이 보내십니다. 제자들이 이 성령의 능력으로 입혀질 때 그들의 증언을 통해 전 세계가 복음화됩니다.

이스라엘 백성들이 70년 바벨론 포로에서 돌아와 성전을 건축하고자 했을 때 그들은 많은 방해와 저항에 부딪혔습니다. 자재도 부족하고 인력도 부족했습니다. 그러나 스가랴 선지자는 다음과 같이 그들을 격려했습니다. "만군의 여호와께서 말씀하시되 이는 힘으로도 되지 아니하며 능력으로 되지 아니하고 오직 나의 영으로 되느니라"(스가랴 4:6). 그러므로 우리는 기다려야 합니다. 기도해야 합니다. 성령님과 함께 일해야 합니다. 성령님이 가라고 하면 가고 멈추라 하시면 멈추어야 합니다. 그래서 온전히 하나님께서 영광을 받으셔야 합니다. 아멘!

승천, 축복,
경배, 기쁨, 찬송

누가복음 24:50 – 53

이렇게 제자들에게 부활의 믿음을 심고 증인으로서의 사명을 맡기신 후에 예수님은 이 땅에서의 메시아로서의 공적인 사역을 마치십니다. 예수님의 생애는 완전했습니다. 온전한 인간으로 여인의 몸에서 태어나 아기로 자라나고 어린 시절을 지나 부모님과 동생들을 돌보며 목수의 일을 하셨습니다. 30세가 되자 세례자 요한으로부터 세례를 받으시고 성령으로 입혀지신 후 3년 반 동안의 치열한 공생애를 보내셨습니다. 하나님 나라의 복음을 가르치시고 병자들을 고치시며 희년의 기쁜 소식을 전파하시며 하나님의 통치, 그 도래를 알리시는 섬기는 왕의 모습을 보여주셨습니다. 무엇보다도 열두 명의 제자를 선택하시고 그들과 동고동락하시며 삶으로, 사랑으로 그들을 가르치셨습니다. 한없는 인내로 그들을 품으시고 기도하시는 대제사장으로서의 모습도 보여주셨습니다. 진리를 선포하시고 불의와 타협하지 않으시고 이 세상의 심판과 종말에 대해서 선포하시는 선지자로서도 사셨습니다. 마침내 온 세상의 구속을 위해 십자가에서 죽으시고 사흘 만에 부활하사 잠자는 자들의 승리의 첫 열매가 되셨습니다. 이제 이 세상은 더 이상 사탄과 죄와 사망이 지배하는 어두움과 슬픔의 나라가 아니요 하나님이 은혜와 생명으로 다스리시는 소망의 땅이 된 것을 자신의 부활로 확정해 주셨습니다.

이 모든 일을 다하신 후에 예수님께서는 제자들을 데리고 베다니 앞까지 나가사 손을 들어 그들에게 축복하십니다. "볼지어다. 내가 세상 끝날까지 너희와 항상 함께 있으리라, 내가 반드시 다시 오리라. 샬롬." 이렇게 축복하실 때 하늘로 올려지셨습니다. 예수님의 승천은 우리의 마지막도 이 땅이 아님을 보여줍니다. 우리도 언젠가 이 땅의 삶이 마칠 때 하늘의 하나님께로 돌아가게 될 것입니다. 이제 예수님은 아버지의 우편에서 하늘의 권능으로 당신의 백성들을 보호하시며 이 세상을 통치하십니다. 그가 약속하신 대로 모든 족속에게 은혜의 복음이 전파될 때까지 구속 사역을 진행하십니다. 그리고 심판의 권능으로 다시 오실 것입니다. 우리는 언제 어디서나 이 예수님의 축복 아래 있습니다. 누구도, 어떤 것도 우리를 이 예수님의 사랑과 축복에서 끊을 수 없습니다(로마서 8:38-39).

제자들은 이제 예수님을, 사랑하는 인간 스승으로서가 아니라 영존하시는 하나님으로 경배합니다. 그리고 큰 기쁨으로 예루살렘으로 돌아가늘 성전에서 하나님을 찬송했습니다.

이렇게 누가복음은 승리와 기쁨과 찬송으로 마무리됩니다. 누구든지 이 복음서를 진실된 마음으로 읽는다면 이 제자들의 영광의 승리와 기쁨과 찬송에 참여하게 될 것입니다. 우리가 어디에 있든지 그곳은 성전이 되고 하나님을 찬송하는 낙원이 될 것입니다.

내 영혼이 은총 입어 중한 죄 짐 벗고 보니
슬픔 많은 이 세상도 천국으로 화하도다.
할렐루야, 찬양하세. 내 모든 죄 사함 받고
주 예수와 동행하니 그 어디나 하늘나라. 아멘!